Un Homme New Yorkais avec la Schizophrénie:
Une Autobiographie

Par William Jiang, MLS
Traduit par William Jiang, Anglophone avec une niveau du français intermedı

New York

Merci Michelle et Monsieur Hervé pour le cadeau de la langue français.

Table des matières

Introduction

Par Leaf Jiang, Ph.D.

Mon frère aîné Will et moi avons été proche tout au long de nos vies. Enfants, notre tante nous comparait à deux gouttes d'eau. Nous jouons tout le temps ensemble, que ce soit au handball, à des jeux de rôle, au basket-ball, à la boxe, à la bagarre ou aux jeux informatiques, nous nous amusions et il m'a toujours inclus dans ses activités avec ses amis. Will était certainement l'éclaireur de ce duo, comprenant les choses et me montrant le chemin. Quand Will est entré à l'université, j'ai constaté à quel point il travaillait dur - il avait un (parfois deux) emplois à mps tout en préparant une double spécialisation. Avant sa premire cris au collège, il était 49 chin-up fort, lire plus d'un livre par jour, vif et motivé.

Le sujet de mon examen d'entrée au MIT était de décrire qui était la personne la plus influente dans ma vie et comme celle-ci m'a façonné. J'ai écrit à propos de Will et comment son éthique de travail m'a inspiré à travailler dur et à finir diplômé comme salutatorian de Stuyvesant High School, à New York, sans doute l'un des lycées publics les plus compétitifs des États-Unis. Même après l'effondrement de Will, il a été une source d'inspiration, d'aide et de soutien. Je me souviens de Will qui m'a permis d'avoir mon premier job d'été étudiant après ma première année au MIT. Il marchait littéralement à travers le département de physique de l'Université de New York (NYU) et frappait à toutes les portes des professeurs, leur demandant s'ils avaient besoin d'un stagiaire. Je ne pense pas que beaucoup de frères feraient ça l'un pour l'autre.

Je me souviens de Will après sa première crise quand il

était étudiant à l'Université Stonybook et qu'il s'est fait enfermé dans leur service psychiatrique. L'avenir était incertain à l'époque et nous n'étions pas sûr de retrouver Will. Lorsque j'ai visité Will dans le service, il avait l'air d'avoir perdu 50 lbs, avait des ecchymoses au visage et était visiblement mal à l'aise. Plus tard, j'ai appris que les pensées paranoïaques l'avaient conduit là. Même avec des médicaments fortes, Will a réussi à sortir diplômé de l'université.

Il a fallu plusieurs années de médication et de visites à l'hôpital psychiatrique avant que Will ne trouve quels médicaments et quelles doses marchaient pour lui. Entre temps, il a obtenu une maîtrise en bibliothéconomie. Une réflexion trop intense, comme lorsque l'on étudie ou que l'on essaye de comprendre des choses complexes, déclenche sa maladie. Il est remarquable qu'il ait eu la force mentale de continuer ses études alors qu'il pouvait simplement rester allongé et attendre que les chèques du gouvernement n'arrivent par la poste, et que le fait même de s'instruire était potentiellement dangereux parce que cela pouvait déclencher sa maladie. L'obtention de sa maîtrise a été une réussite admirable.

Après ses études supérieures, Will est devenu impliqué avec les publications de santé mentale (New York City Voices), a été le témoin à mon mariage, et travaille comme bibliothécaire. Nous gardons le contact et je souris toujours quand il me dit que je ne suis pas payé ce que je vaux. Je suis fier d'être son frère et j'espère que vous trouverez l'histoire de Will inspirante parce qu'en faire parti m'a beaucoup inspiré.

Chapitre 1
Jusqu'où descend le terrier du lapin ?

Il fallait que mon cerveau travaille maintenant plus vite. J'avais vingt-trois crédits de cours comprenant la Physique avancée, les Structures de données informatiques, l'Histoire de la langue anglaise, le Chinois et plusieurs autres matières difficiles. Le mois précédent, j'avais pris 9 crédits dans une période intense qui a duré quatre semaines. Les cours comprenaient la microéconomie, le Français intermédiaire et une autre classe. Etait-ce sain? Oui, je suppose. Mais, j'ai vu que mon immersion totale dans le domaine académique était une épée à double tranchant.

Ce matin-là je suis allé au bureau de l'administration afin de vérifier sur mes tentatives pour amener le gouvernement à me reconnaître comme un adulte autonome. Pour pouvoir aller à l'université, j'avais travaillé comme concierge pendant deux ans. Cela a été très épuisant considérant le poids de mes études. Je voulais désespérément me qualifier pour les bourses d'études du gouvernement fédéral afin que je puisse poursuivre mes études sans avoir à travailler comme concierge et frotter des toilettes cinq jours par semaine et être capable de me concentrer exclusivement sur mes études.

Je me souviens du nom de l'agent d'aide financière. Quand je lui ai posé des questions sur les subventions et sur combien d'argent je recevrais pour l'année scolaire, elle a répondu: "Aucun." J'étais dévasté. C'était comme les deux années précédentes. «Vos parents gagnent trop d'argent pour que vous ayez droit à une aide financière», at-elle expliqué. J'étais soufflé. Je lui ai dit que j'avais subvenu à mes besoins depuis deux ans et je lui ai demandé pourquoi l'école me considérait toujours comme dépendant. Je ne comprenais pas. J'ai du avoir une sorte de réaction étrange parce que Delores est sortie de derrière le comptoir pour voir si j'allais bien. Je lui ai assuré que j'allais bien. C'est alors que les premières pensées paranoïaques me sont venues à l'esprit. Ils savent ! Ils savent que je reçois quelques milliers chaque année de maman. Ils savent. je pensais : Je dois garder le silence à ce sujet, . Je ne savais pas qui je pouvais avoir emmerdé dans le gouvernement.

Encore titubant , je suis entré à l'Union des étudiants. Malgré le fait que je ne pouvais pas bénéficier d'une bourse, j'avais quand même besoin de manger et je devais souscrire un forfait repas. Alors j'ai tranquillement fait la queue, tenant mon formulaire dans la main et j'ai attendu pour qu'on prenne ma photo. Je me souviens de ma para- noïa. A chaque minute qui passait, l'intensité des senti- ments augmentait et j'avais peur. Quand ce fut mon tour d'avoir ma photo prise, la femme de la restauration m'a demandé quel forfait repas je voulais. C'était une question facile mais à ce moment-là, ce n'était pas simple pour moi. Dans mon état paranoïaque, tout avait plus d'importance que d'ordinaire. Pensant qu'elle me testait, j'ai hésité. Elle dit plus fort d'une voix impatiente, " A quel forfait repas voulez-vous vous s'ouscrire?" J'ai bafouillé quelque chose et je suppose ça l'a satisfait. J'ai mis mes lunettes quand ils ont pris ma photo pour le portrait afin que celui qui était derrière moi ne me reconnaisse pas derrière les verres légèrement teintés. Je me souviens de l'air distrait et de la peur dans mes yeux quand j'ai regardé plus tard à la photo d'identité. La journée avait très mal commencé.

Quelque temps plus tard, je montais dans la voiture d'un de mes amis chinois. Une crainte des gangsters chinois pris soudainement possession de moi. Je me rends compte maintenant que j'étais délirant, mais je suis convaincu que mes amis que j'avais connus pendant deux ans étaient devenus des gangsters asiatiques, et qu'ils allaient me conduire dans quelque endroit isolé et m'abattre d'une balle dans la tête. Pour m'échapper, je dois agir vite et penser intelligemment. Alors, je leur ai dit que je ne me sentais pas bien et leur ai demandé de me conduire à l'hôpital universitaire de Stonybrook. Nous étions à environ un mile de l'hôpital et je sentais que j'y serais en sécurité et qu'ils ne me tueraient pas là-bas. Je me sentirais en sécurité à l'hôpital parce qu'ils ne pouvaient pas me tuer là-bas. Ils ne pouvaient m'attirer à l'extérieur de l'hôpital parce que je savais que si je sortais... Je mourrais. Loin de l'hôpital, je ne serais plus dans un périmètre de sécurité, et je savais qu'ils allaient m'effacer des pages de la vie.

J'ai rapidement été admis à l'hôpital de Stonybrook et j'ai été soulagé quand j'ai été placé dans une chambre derrière une grande porte en acier avec une petite fenêtre en verre. Je me sentais en sécurité. J'ai regardé l'horloge. Il était 16 heures. Bon. Je pourrais bientôt sortir, et aller voir la police et leur dire ce qu'il se passait avec les gangsters et qu'ils étaient de mèche avec certains affreux complots du gouvernement pour empêcher les étudiants d'universités d'avoir une aide financière. Puis j'ai pensé : la police? Et si certains d'entre eux étaient corrompus ? Un journaliste du New York Times serait probablement un meilleur choix. Ce doit être une immense conspiration si les gangsters pourraient réellement atteindre les Stonybrook.

Un adolescent rebelle aux airs de drogué était dans la chambre avec moi. Il avait les cheveux en désordre et portait un T-shirt noir et des jeans déchirés. Il a commencé à me parler de ses exploits avec les drogues. J'ai parlé avec lui pendant quelques moments. Mais je n'allais pas essayer de me lier d'amitié avec ce gars-là. Jamais ! J'étais trop prudent avec ma santé m'impliquer avec la sous-culture de la drogue et de m'exposer à une terrible maladie .

Il y avait un gars tranquille qui était aussi dans la chambre. J'ai essayé de lui parler, mais il resta silencieux. Je pensais que c'était bizarre. Finalement, je l'ai laissé seul. Puis, environ une heure après l'hospitalisation j'ai commencé à me détendre. Ensuite, le personnel a apporté un grand black dans la chambre. Il avait l'air d'un mec effrayant. Pourquoi faisait-il peur? Il restait au milieu de la pièce et faisait des mouvement brusque tout en restant au même endroit. Ses vêtements étaient en désordre - tout mouillé. Et au bout de quelques minutes, il a commencé à trembler violemment et a eu une érection qui était clairement visible à travers son pantalon de survêtement humide. Ce mec me dégoutait carrément. Deux gardes en blazers rouges ont mis des gants en latex et l'ont maitrisé puis ils le firent sortir. Je me demandais pourquoi ils permettaient à un mec comme ça d'être dans la même salle que des gens comme moi. En fait, je n'avais aucune idée de là où j'étais. Je ne savais pas que j'étais dans une salle d'urgences psychiatriques. Je pensais que j'étais dans une salle d'attente. Une heure passa et je suis allé me coucher dans l'une des chambres pour me reposer. Dans la chambre se trouvais un mec basané. Il avait les cheveux noirs et la peau olive. Il était Latino. Nous avons engagé la conversation sur Cervantes "Don Quichotte". Il m'a dit qu'il était professeur de littérature à l'Université de Stonybrook. J'étais impressionné. J'ai toujours été impressionné par les gens cultivés. Nous avons parlé de la tristesse et de la futilité du rêve de Don Quichotte. Le fait qu'il ait choisi de poursuivre cette étoile impossible était à la fois triste et noble, avons-nous convenu. Que l'homme de La Mancha puisse mener une telle vie d'illusion et de noblesse me semblait être contradictoire, je me souviens. Je pense que, rétrospectivement, moi aussi, je me suis battu contre des moulins à vent toute ma vie.

Après un certain temps, je suis retourné dans la salle d'accueil principale. Ils avaient amené une mignonne petite fille japonaise. J'ai été attiré par elle, mais je me considérais comme un homme «pris». J'avais une fille dans ma vie que j'avais peut-être envie d'épouser. J'avais une histoire d'amour avec ma petite amie depuis le lycée. J'étais le genre de mec à regarder et à se permettre de parler à d'autres filles, mais je ne serai jamais infidèle. Je l'aimais trop. Donc, je me suis assis dans la salle d'accueil sans rien dire pendant un moment. La jeune fille japonaise était assise à côté du mec silencieux. Naturellement, je pensais qu'ils étaient ensemble. Finalement, j'ai parlé à la jeune fille, et je lui ai demandé si elle était avec lui. Elle a dit non. Je pensais qu'ils étaient assis trop près l'un de l'autre pour ne pas se connaître. C'était étrange. Ensuite, pendant que nous parlions, elle a commencé à me regarder avec des yeux remplis de désir. Son regard m'a mis mal à l'aise. Elle a cessé de me parler et a commencé à me regarder tout en suçant un de ses doigts d'une manière très sensuelle. Nous avons arrêté de parler. Elle me fixait, suçant son doigt pendant un certain temps. Je sentais que je devais dire quelque chose. Je lui ai dit que je n'étais pas intéressé par elle parce que j'avais déjà une petite amie. Elle m'a dit qu'elle s'en fichait. Elle n'arrêtait pas de me regarder et de sucer son doigt. C'était écoeurant. A ce stade de ma vie, je me considérais comme beau, mais c'était ridicule. Je pensais, cette fille doit être une nymphomane, vu la façon dont elle se comporte. Pas question que je m'implique avec elle. Non seulement je ne veux pas tromper ma petite amie, mais j'en ai conclu que cette fille avait probablement un tas de maladies sexuellement transmissibles.

Puis j'ai regardé l'horloge. Tout a changé pour moi à ce moment-là. Je savais que j'étais là depuis des heures déjà, mais l'horloge marquait toujours seize heures. J'ai regardé à nouveau l'horloge. La petite aiguille était sur le 4 et la grande aiguille était sur le 12. J'ai commencé à comprendre. Il était quatre heures quand je suis arrivé, et maintenant il était toujours quatre heure ? Ces gens ne sont pas ici pour m'aider. Ils sont ici pour me garder prisonnier. Ils sont ici pour me priver de ma liberté ! Ils sont de connivence avec le gouvernement. Merde ! Je suis tombé dans une de leurs cellules derrière une porte verrouillée d'où je ne peux pas sortir. Je me dirigeais vers la sortie. Un gars de la sécurité dans un blazer rouge m'a dit d'une voix forte de m'éloigner de la porte. C'est ridicule, je pensais. Je suis Américain! Comment ces gens peuvent-ils me garder contre ma volonté? Je n'ai enfreint aucune loi. Je n'ai fait de mal à personne !

Je sentais que ce devait être ce que Jésus a ressenti. Jésus a été persécuté à tort dans sa vie. Tout comme je suis moi-même persécuté. J'ai eu de n'ombreuses fois l'occasion d'être trafiquant de drogue dans ma vie, de ramasser un fusil et de faire un carton, ou tout simplement de devenir une sorte de loser. J'aurais pu devenir quelqu'un sans avenir qui n'a pas essayé. J'aurais pu être quelqu'un qui ne travaille pas dur comme concierge pour payer ses études. J'ai eu une vie difficile, je pense. Je ne mérite pas d'être traité de cette façon. Ce n'est pas correct. Mais, Jésus a pardonné à ses ennemis. Et moi aussi. Parce que je pensais que je savais exactement ce que Jésus a ressenti, je raisonnais, je dois être une incarnation de Jésus.

Des images me venaient à l'esprit. Il y avait un excellent film appelé Amadeus qui relate une théorie possible mais farfelue selon laquelle Amadeus Mozart Wolfgang a peut-être été assassiné par Salieri, un concurrent musical de Mozart. A la fin du film, après que Salieri ait avoué son implication dans la mort de Mozart, le prêtre avait écouté sa confession. Le prêtre avait l'air choqué de découvrir un cœur si noir. La scène se termine sur Salieri se faisant escorté à l'asile psychiatrique, absolvant ses codétenus. «Je te pardonne», «Je te pardonne» répétait-il à tous ceux qu'il voyait. Il disait cela aux gens dans les cages et les personnes enchaînées. Il rit d'un rire diabolique et dit: «Je pardonne tout le monde." Et le film se termine et le gé-nérique défile. Pour une raison quelconque, cet aspect du film Amadeus a traversé mon esprit au même instant où j'ai pensé que j'étais une sorte d'incarnation de Jésus. Je pense que, étant une meilleure personne que Salieri, je pourrais vraiment absoudre les gens. Je pense que les gens vont reconnaître ma bonté et se sentir mieux d'être là où ils sont. Je marche autour de la salle en disant "je te pardonne" aux personnes qui sont là. Ce qui s'est passé ensuite, je ne m'y attendais pas.

J'ai vu qu'il y avait beaucoup d'activité derrière l'enceinte en verre dans la salle où la plupart des gens vêtus de blanc se trouvaient. Deux grands hommes vêtus de blanc sortent de la salle où les médecins et les infirmières sont. Je me tenais prêt, ne sachant pas à quoi m'attendre. Au même moment, d'autres habillés de blanc sortent de l'enceinte en verre et se ruent vers moi. J'étais très vite été entouré par six hommes, et les deux grands types attrapèrent rapide-ment chacun de mes bras et un troisième était dans mon dos avec ce qui semblait être une arme à feu. Ils m'ont conduit dans une pièce où j'étais sûr que j'allais mourir. J'étais sûr qu'ils allaient me tuer. Je donnais des coups de pieds et je hurlais à ce stade.

Laissez-moi partir ! criais-je. Dans la salle, j'ai vu une civière. Ils m'ont traîné vers elle. Je n'étais pas assez fort pour résister à toutes les mains. Ils étaient trop nombreux.

Une fois qu'ils m'aient attaché à la civière, ils ont couvert ma tête et j'ai été plongé dans les ténèbres. A ce moment, j'ai pensé à un film horrible que j'avais vu environ 2 ans plus tôt appelé «Les visages de la mort" où certains adorateurs du diable avaient une soi-disant orgie de mort qui était enregistrée. Cette pensée a intensifié la terreur que je ressentais. Allaient-ils me manger tout cru? Je ne les laisserai pas faire ! J'ai lutté et lutté en vain. J'étais un agneau et j'étais certain qu'ils m'emmenaient à l'abattoir. C'était alors tout à fait logique. Ce n'était pas une sorte de conspiration du gouvernement. Il s'agissait d'une conspiration de Satan. Pas étonnant que cela perdure aussi longtemps et si secrètement. Puis, après ce qui semblait être une éternité, j'étais sur mon dos dans une sorte de camisole de force. Au milieu de la camisole de force il y avait ecrit "NON!" au moins 20 fois. Que diable faisaient ces gens ? Je jurais qu'ils pouvaient me tuer, mais je ne deviendrais jamais l'un d'eux. Mais je redoutais les conséquences si je ne cédais pas à leur pouvoir infernal.

Puis j'ai entendu rire. J'ai vu des enfants dans la salle. Il y avait là 3 petites filles. J'étais choqué. Je pensais, comment ces gens peuvent-ils commettre ces actes contre nature devant des enfants ? Les enfants riaient et jouaient, inconscients de mon sort. Ils me regardaient, tout comme les adultes, avec des yeux sans âmes, affamés. Ces enfants doivent être les enfants de Satan. Le mélange de leur innocence et de leur méchanceté m'horrifiait au plus profond de mon être.

Alors que je me débattais et que je criais "Pourquoi personne ne m'aide ?" L'un des hommes en vestes rouges qui me tenait la tête entre les mains, me retenant, me dit: «Nous essayons de vous aider." Je me suis dit : Oui, je sais. Satan est le père du mensonge, et ce diable ment aussi. Pourquoi ne me tord-il pas le cou pour abréger mes souffrances ? Ce serait la chose humaine à faire. Non. Ils veulent tous

que je souffre. Ils veulent que je renonce au bien. Cela
n'arrivera pas, même si je suis athée. Je pensais : je n'avais
aucune idée de ces forces qui œuvraient sur mon campus
de l'Université Stonybrook. Attendez que je sorte, et que le
monde sache ce qui se passe dans cet hôpital. Affreux ! Ce
département est juste la façade d'une affreuse société se-
crète. Et, je me demande combien de gens en dehors de cet
hôpital sont des acteurs qui aident ces malades pour piéger
les gens dans cet endroit diabolique.

Les hommes et les femmes en blouses blanches qui
était une sorte de personnel médical sont finalement partis,
même le garde en tunique rouge qui j'espérais me tordrait
le cou. Mais, les petites filles sont restées. Alors que le
temps passe je les regarde jouer sur le sol institutionnellement blanc de ma chambre. On dirait des petites filles
normales, mais je pouvais dire qu'il y avait quelque chose
de différent chez elles. Quelque chose n'allait pas chez elle.
Finalement, après avoir été confiné dans cette camisole
de force pour ce qui semblait être une éternité, un homme
qui ressemblait à un géant, d'environ sept pieds de haut,
et un homme dans une veste rouge me libérèrent de mes
attaches et me sortirent du brancard. Ils me dirigèrent vers
la porte par laquelle j'étais arrivé dans cet endroit. Mon
cœur bondit, même si ma tête me semblait lourde d'une
certaine façon. Peut-être qu'ils allaient me laisser partir !
Ils ont ouvert la lourde porte en métal. Puis, ils ont ouvert une autre lourde porte en métal derrière celle-là. Je
ne peux pas courir parce qu'ils me retiennent les bras. La
deuxième porte s'ouvre et je vois ... Ma famille ! Comment
pouvaient-ils être ici? Ils sont censés être à Manhattan!
Mon Dieu ! Que se passe-t-il ? Pourquoi sont-ils là ?
Allons-nous tous mourir en famille ! "Noooooooooon!" mon
cerveau cria. Mais, il a été coupé. Ils ont dû m'injecter
quelque chose. Curieusement, ces hommes ne semblent pas
se soucier de ma famille. Personne dans ma famille n'a été

maîtrisé. On me fit avancer vers eux. Leurs visages, je ne pouvais pas les lire. Ma famille: Maman, Papa, Leaf sont plantés là. Je ne comprenais pas. Sont-ils de connivence avec le diable? Pourquoi ne font-ils rien pour m'aider? Ne suis-je qu'une sorte d'expérience médicale vivante ? Que se passe-t-il? Je suis traîné vers un ascenseur. Et je monte. Je suis à peine conscient de ce qu'il se passe. La dernière chose dont je me souvienne, c'est de voir le nombre à la porte de ma chambre: 1010. Super, je vais être juste une autre anecdote à la radio de New York 1010 WINS demain. Juste une autre statistique. Ma mort sera orchestrée pour faire croire à un accident. J'en suis sûr.

Les deux jours suivants sont un flou sombre - littéralement. Je me souviens d'une ombre englobant tout, l'obscurité partout où je regardais. Quelques minuscules points de lumière transperçaient à travers les murs sombres de ma réalité. Mais, ce qui m'enveloppait était l'obscurité. Elle était partout.

La première chose dont je me souvienne est une infirmière me disant que j'allais être présenté à «l'équipe». Je n'avais aucune idée de quoi faire de cela. Je pensais, peut-être que si je dis un mensonge assez bon, ils vont me pardonner et me laisser aller. Alors, j'ai attendu sur une chaise avant d'être convoqué dans une grande salle avec peut-être 15 personnes en blouses blanches.

" Pourquoi es-tu ici ?" M'a demandé un des médecins.

J'ai menti. "J'ai pris quelques pilules rouges. Des amphétamines." dis-je. «Je suppose que ça m'a excité. Je les ai pris pour réussir à un examen».

"Il n'y avait pas de trace de drogues dans ton urine», a déclaré le médecin.

J'étais coincé dans un mensonge. À moins que je ne puisse réfléchir plus vite que ces excellents menteurs, je serais là pour longtemps, je pensais. Mais, je savais qu'on ne peut pas tromper l'infernal. Donc, je me suis tu.

Le médecin a continué, "Les amphétamines apparaissent sous forme de pilules rouges, mais nous n'avons pas trouvé de trace de drogues dans ton système."

Je me tenais là, silencieux. En me regardant, leurs yeux infernaux me brûlaient l'intérieur de la tête.

On m'a posé un tas d'autres questions. Je ne me souviens pas de ce qu'ils me demandaient, et puis finalement, j'ai été conduit hors de la salle. J'étais soulagé de m'éloigner d'eux.

En regardant en arrière, oui. Les amphétamines, affectent la dopamine dans le cerveau, comme le font la plupart des drogues de la rue. Je n'étais pas drogué aux amphétamines. J'étais naturellement drogué. J'ai étudié et travaillé si dur pendant ces 2 années que j'ai passés à Stonybrook, quelque chose s'est brisé.

J'ai appris plus tard qu'il y a quelque chose qui s'appelle la théorie dopaminergique de la schizophrénie. Il avance l'idée que le neurotransmetteur excitateur a quelque chose à voir avec la schizophrénie. Les médicaments plus anciens bloquent la dopamine dans le cerveau. Ils ont l'effet inverse de beaucoup de drogues de la rue. Avec la cocaïne, à ce que je comprends, vous vous sentez vraiment, vraiment bien. Je me sentais vraiment, vraiment bien naturellement. Plus la dose des médicaments antipsychotiques qu'on prend est élevée, plus on se sent mal. C'est précisément à cause de l'effet des drogues sur la partie plaisir/récompense du cerveau.

À un moment donné, dans l'obscurité de mes premiers jours d'hospitalisation, je me souviens que j'étais dans une salle de taille moyenne avec beaucoup de chaises, arrangées pour une réunion de groupe. Certaines des personnes dans la salle portaient des manteaux blancs, d'autres pas. Je me rappelais que les gens en manteaux blancs en bas étaient le peuple du diable. Ils m'ont terrifié avec leurs sourires faux occasionnels et leurs yeux affamés. Je me souviens que les «médecins» tournaient autour de la salle et demandaient aux gens pourquoi ils pensaient qu'ils étaient ici. Ce devait être un piège. C'était un truc pour éliminer les forts des faibles, le bon grain de l'ivraie. Ils se préparaient à récolter les âmes. J'en étais sûr. Je sentais que je devais essayer de montrer que j'étais assez fort pour survivre en montrant que je pouvais rester insensible et fort.

J'ai attendu jusqu'à ce que les pensées qui se bousculaient dans ma tête se calment, et j'ai remarqué une proie facile. Une femme d'âge moyen, de race blanche dans le groupe parlait depuis un moment et avec difficulté de la raison pour laquelle elle était là, son mari était mort, et elle était déprimée. Elle parlait à travers ses sanglots, et cela m'a brisé le cœur de voir et d'entendre ça, mais dès que je l'ai pu, j'ai sauté sur l'occasion de sortir de là en me moquant d'elle et de la mort de son mari. Je l'ai traité de faible. J'aurais fait n'importe quoi à ce moment là pour sortir de la fosse de l'enfer dans lequel j'étais coincé. Je faisais des choses que je n'avais jamais imaginé pouvoir faire. Les «médecins» me regardaient d'une manière de dire, vous serez ici pendant un bon moment. Je me souviens que la femme a pleuré. Qu'est-ce que j'étais censé faire pour sortir de cet endroit? Merde! Ensuite, je me sentais mal parce que la femme pleurait. Mais, je ne pouvais pas lui demander de me pardonner. Cela montrerait aux adorateurs du diable que j'étais faible. Et je savais ce qui arrivait aux faibles autour de Satan.

C'est le seul scénario dont je me souvienne clairement au début de mon hospitalisation. J'ai perdu la notion du temps. Les jours passaient, et d'un coup, je me réveille dans un lit qui n'est pas mon lit au dortoir de l'Université de Stonybrook. J'ai mal au dos, et je m'assoie tant bien que mal. Je me rends compte que je suis assis sur une civière, et tout ce qui s'est passé dans la salle d'urgence revient à moi comme dans un film d'horreur avec moi comme sujet du film. Et j'ai pensé, je sais ce qu'ils font aux personnages principaux dans ces films d'horreur. Parfois, cela prend un peu de temps, parfois un long moment ... mais finalement, ils meurent.

Donc, je me suis levé et j'ai regardé autour de ma chambre. Les pieds ballants de la civière, et portant une chemise d'hôpital, j'ai remarqué que la civière sur laquelle je dormais avait le dossier relevé. Ca explique le mal de dos, je pensais. J'ai remarqué que la civière était face à la fenêtre face à la lumière du matin descendant des cieux et inondant tout à l'image de la gloire. Cette lumière du matin était un rappel pour moi de tout ce qui était bon. Ma mère, mon père, mes frères: Leaf, Chung, Justice, mon amour, le genre de vie que je menais: J'étais pur de corps et d'esprit, je ne prends pas de drogue, je ne suis pas un criminel, et j'étais un travailleur acharné du corps et de l'esprit. J'ai accueilli cette révélation dans mon cœur et je l'ai gardé là parce que j'étais sûr que j'en aurais besoin.

Il y avait deux portes que je pouvais voir. Une porte bleue institutionnel était en face de moi. Il a été fermé. Il y avait une porte à ma droite. Il était à mi-chemin ouvert, et il y avait du bruit au-delà de cette porte, mais je voulais explorer ma chambre pour que je puisse voir ce que je traitais ici. J'ai remarqué bouches d'aération près du bas du mur près d'une porte, et puis j'ai remarqué une légère odeur de soufre dans l'air. Il était logique de ces gens me donner cet environnement. Ils voulaient me rappeler leur allégeance à Satan, alors comment pourraient-ils mieux me rappeler de ce que me donnent les odeurs de l'enfer, le feu et le soufre, le soufre étant l'odeur de soufre qui a été imprègne ma chambre.

Je me levai facilement de ma civière avec mes bras forts. J'ai pris dans le reste de la chambre pendant que je sautai à terre et j'ai senti le sol froid sous mes pieds nus. La chambre était peinte en blanc, tout blanc, tristement blanc. Il y avait une fenêtre carrée à la gauche de mon lit à partir de laquelle la bonne lumière coulait à travers avec une ambiance chaleureuse, de survie, de teinte jaune. Il y avait une commode en bois et d'un grand bleu, chaise en plastique. La parole a été faite avec des carreaux blancs institutionnels, le genre que j'avais nettoyé dans les couloirs du premier étage des sciences sociales et comportementales de construction comme concierge tout en allant à l'école.

J'ai ressenti le besoin d'aller aux toilettes. J'ai pensé qu'il y avait trop de bruit venant de la porte vers la droite pour être une salle de bains, alors j'ai marché directement à la porte de ma face. J'ai ouvert la porte. C'était ma salle de bain. La salle de bains était petite, avait un miroir poli métallique, un wc, un sol en carrelage blanc et d'une douche, et une autre porte bleue institutionnellement peint. Je suppose que je vais partager ma salle de bain. Fantastique! J'ai commencé à faire usage de la toilette en urinant. Puis j'ai entendu et senti une présence démoniaque dans ma chambre. En raison de la présence démoniaque, j'ai compris que je devais contrôler tout ce que je faisais dans cet endroit, tout en bas de ma miction. Parce que d'aller à la salle de bain est une libération, et un communiqué est une sorte de plaisir. Je l'ai fait au péril de ma vie. Je ferais mieux de garder les choses Spartan, je me suis dit. Je finis rapidement mes affaires et suis sorti de la salle de bains.

Après avoir quitté la salle de bain, j'ai décidé de vérifier ce qui était au-delà de l'autre porte. Je l'ouvris. Ce que j'ai vu était très étrange. Il y avait des gens dans le couloir, mais ils ne bougeaient pas. Ils étaient debout au milieu de la foulée, comme des statues ferait. Le couloir était à moitié sombre pénombre, et l'une des lumières vacillait. La salle était pleine de mobilier institutionnel, et il ressemblait beaucoup à un hôpital normal. Je marchais jusqu'à ce que j'ai vu était un bureau en bois avec de grandes reliures derrière elle. J'ai tout de suite vu mon nom écrit sur l'un des liants, et j'ai pensé à ce que cela pourrait signifier. Au Moyen Age, les jeux de la passion ont été faites pour enseigner et rappeler aux gens qui habitent la campagne anglaise de la gravité mort de prendre leur religion profondément dans le cœur de leurs êtres. Je me rappelais ma anglaise médiévale classe de littérature le semestre précédent et un jeu de passion nommée "Everyman". Dans ce jeu, le personnage principal est appelé «Everyman». C'est une histoire allégorique où les choses sont étiquetés avec ce qu'ils sont censés représenter. Everyman représente tout homme et de toute femme. Son voyage dans le jeu représente la quête de tout le monde pour ce qui est nécessaire pour aller au ciel .... Pour faire une longue histoire courte, il y avait un livre dans la pièce. C'était le livre qui contenait les bonnes et mauvaises actions de "Everyman". J'ai su immédiatement que le liant avec mon nom c'était mon livre des actes. J'ai réalisé que ce devait être l'endroit où je voudrais être jugé.

Déconcerté, je suis tombé en arrière dans ma chambre et me dirigeai vers la fenêtre pour être dans la lumière jaune chaud. La lumière pure. Le problème était que la lumière provenant de l'extérieur de l'hôpital. Oui, j'étais dans la lumière. Mais, la lumière était à l'hôpital, et j'ai été pris au piège dans l'hôpital. Je me suis mise à genoux et baissai la tête tandis que je restais à la lumière. Je savais que j'aurais besoin d'être forte ici, plus fort que je ne l'avais jamais été. Murmurai-je dans un souffle, la prière d'un athée ... quelle que soit l'enfer que c'est.

Chapitre 2: Une période difficile dans une jeune vie, Stony Brook Hospital, salon 1010

Un des premiers souvenirs que j'ai d'être enfermé dans la salle était de l'œil de Satan. Eh bien, c'est ce que je pensais du soleil couchant quand j'étais derrière ces murs. Je m'explique. Habituellement, au cours de la journée le soleil a une lueur jaune gaie. Alors que le soleil se couche, parfois, il est presque la couleur du sang. Il est certainement rouge. Ainsi, chaque jour après avoir cette pensée, je craignais le coucher du soleil et l'arrivée de la nuit. Nuit, surtout minuit, était horrible pour moi. Ils appellent minuit "l'heure du crime" dans certains livres. Plus je suis resté à l'hôpital, plus je croyais en ces histoires de magie noire.

Le lendemain de confirmer mes craintes. Je me suis réveillé, et finalement arrivé à "La chambre à bulles" où les journaux ont été, il y avait une histoire de couverture des émeutes de Los Angeles qui étaient à terre. J'etait choque Insanity l'intérieur de ces murs, et à l'extérieur aussi bien! Le monde de devenir un asile pour tous, je pense.

En regardant ma première hospitalisation, un événement se démarque pour moi avec le recul. C'est la mémoire d'affronter une infirmière psychiatrique haut de sept pieds.

Appelez-moi fou, mais quiconque a le courage d'affronter énergiquement un gars presque un pied plus grand qu'eux-mêmes, sans arme ... est clairement sur une autre planète. Bob était son nom. Je me souviens bien de cette situation.

J'étais dans ma chambre, bouillonnant que les démons et les diables ont été me garder enfermé. J'ai essayé de changer mon état d'esprit en imaginant mon esprit et mon cœur en tant que blocs d'acier, je ne voudrais pas avoir peur d'eux. Mais, chaque bruit devant ma porte me fit sursauter parce que la pensée est venue que qui sait quand le frai du diable lasse pas de jouer ce jeu du chat et de la souris avec moi étant la souris? J'ai ressenti le besoin de ressentir de la douleur à durcir ma détermination ... bon, la douleur purification. Alors, j'ai regardé autour de ma petite chambre. Il n'y avait pas beaucoup avec que je peux me blesser. Une civière et une grande commode en bois. J'ai regardé la salle de bain pour un miroir de verre. Non, le miroir était de métal poli, et les toilettes ne pouvait être bougé. Donc, je suis allé à ma porte et je refermai jamais si délicatement afin que personne ne le remarquerait de m'arrêter de cet effort, et je me dirigeai vers la commode. Il était si lourd que je ne pouvais pas vraiment le soulever, mais j'ai été capable de le faire basculer. Alors, j'ai donné un pourboire il sur mon pied à sentir la douleur. Et sentir la que j'ai fait. J'ai gardé la commode en équilibre sur mon pied pendant environ une minute, et la douleur était là. Mais, ne suffit pas. Donc, je suis allé à la civière, et j'ai pensé un peu sur la façon de l'utiliser mieux pour obtenir la douleur que j'avais besoin de me vider l'esprit. Je suis sur le sol et met la civière sur ma main gauche. Oui, il y avait la douleur. Mais, ni la civière aller sur ma main ou la lourde commode sur mon pied blessé assez pour me faire sortir de mes craintes.

Donc, je suis sorti de ma chambre. Le couloir était bien éclairé et propre. Étage blanc, murs blancs. Les gens qui étaient évidemment ames perdus marchaient dans le couloir avec des allures en traînant les pieds. Les diables mineurs et plus diables qui m'a gardé enfermé ici se sont levés et se sont assis derrière un bureau en bois longue. Qu'importe, J'ai vu deux femmes portant blanchisserie produire rapidement une clé, déverrouiller le porte du metal lourd et verre à ma gauche, et d'obtenir rapidement de l'autre côté. Je sentais que ce serait facile de maîtriser une de ces petites femmes et obtenir ma liberté, un peu trop facile. Je devais prouver mon courage à moi-même et capte pas sur les plus faibles. Donc, je me suis promené dans l'unité de la figure 8 jusqu'à ce que j'ai vu Bob produire ses clés et se déplacer vers la sortie.

Bob était un homme massif. Il était maigre, mais pas mince rail. Saine, et il était maigre. Je me souviens qu'il m'a dit plus tard qu'il avait mesuré 6'10 "de hauteur. Donc, dès que je l'ai vu produire les clés, je suis venu après lui. Il a vu mes mouvements agressifs, et hurla: "Stay" J'étais pétrifié. Je ne pouvais pas bouger. C'était comme s'il pouvait juste commander mon esprit avec la magie. Je me tenais à l'endroit en dehors du heavy metal et de portes en verre, au-delà de laquelle poser ma liberté, pour ce qui semblait une éternité, immobile. "Code M, dix nord, le code M dix nord" J'ai entendu hurlantes sur l'interphone. Encore figé, j'ai vu 4 mecs costauds sur ma taille, en tuniques rouges, dépêchez vers moi. Ils avaient des gants en latex. Ils m'ont attrapé, dur. Chacun a un membre, et ils m'ont hissé en l'air. Alors que je luttais en suspension dans l'air, ils m'ont emmené dans ma chambre où ils m'ont attaché à mon lit. Ces restrictions en cuir maudits n'ont pas exactement envie de satin et de soie. Puis, quand j'ai été attaché vers le bas, un infirmier est venu et m'a demandé ce que je faisais. Je savais qu'il connaissait, donc je n'ai pas répondu. Il a ensuite regardé à l'annulaire de la main droite, où la bague en or que ma mère m'a offert pour mon diplôme d'études secondaires était. Il m'a dit: «Nous allons devoir l'enlever.» Donc, je serrai le poing. Pas moyen allais-je laisser toucher quoi que ce soit ma mère bien-aimée m'a donné, en particulier cet anneau. Pour moi, il symbolisait mon indépendance, la fierté et l'amour de ma mère. Ainsi, l'infirmière a utilisé ses deux mains pour forcer ma main ouverte. Il a attrapé mon pouce, et tiré en arrière jusqu'à ce qu'il semblait qu'il allait casser. Il se pencha en sorte que c'était douloureux, tout le chemin du retour. Arrête ! Criais-je. Ainsi, il a déclaré: «À propos de cette bague." Je n'avas pas le chox. Si mes pouces ont été brisées je ne pouvais pas me défendre contre n'importe qui. Ainsi, l'infirmière a sorti une lotion pour les mains, et se tordait la bague jusqu'à ce que finalement il a réussi à glisser sur mon doigt. Le salaud! "Vous pouvez le récupérer quand vous êtes libéré." Il a déclaré: Je savais qu'il mentait. Je savais que j'allais mourir ici. Probablement dans mon lit. Le salaud! Après l'excitation j'ai fait s'était calmé. J'étais encore attaché au lit et ne pouvait pas se lever. Il y avait une infirmière placée à l'extérieur de ma chambre pour me garder en observation. Bien sûr, je ne savais pas qu'à l'époque, je pensais qu'elle était un autre travailleur infernal qui me gardait jusqu'à ce que son maître ferait avec moi comme il le souhaitait

En regardant en arrière à l'ensemble de la situation, je me rends compte que mon départ après que le géant infirmier psychiatrique Bob dans cette situation est exactement ce que j'ai fait toute ma vie. Je n'ai jamais pris le chemin facile quand quelque chose de principe était en cause. À l'université, j'ai toujours pris les classes les plus difficiles à prouver mon vigueur mentale. Je n'ai jamais attaqué sur la faiblesse car tout le monde est faible à un moment donné dans leur vie. J'ai toujours pris la parole à des défis éthiques. Quand c'était possible, j'ai toujours été là comme quelqu'un qui se soucie, sinon en paroles, puis dans les faits, lorsque l'alimentation a été placé dans mes deux mains. J'ai nourri mes jeunes frères comme le ferait un père, et je suis passé par là pour mes amis comme s'ils étaient frères.

De la petite fenêtre de ma chambre, je pouvais dire que j'étais en haut. J'étais au 10ème étage d'un bâtiment massif. Je pensais que je ne pouvais tout simplement relier un tas de feuilles et descendre en rappel le côté du bâtiment, et ensuite je serais libre. Donc, j'ai attaché ensemble environ 50 feuilles, et puis j'ai essayé de briser la vitre de ma chambre. Le verre ne serait pas briser. Je suppose que je faisais beaucoup de bruit. Le personnel a découvert ce que je faisais. J'ai été placé dans un siège pour environ une heure ou deux après. Je détestais ces contraintes. Mais, le personnel essayait juste de leur mieux pour m'empêcher de me blesser.

Un autre souvenir me vient à l'esprit. J'avais l'habitude d'avoir une forte jeunesse tout à fait, mais la force de la folie ... et bien ajouter que, pour un jeune homme déjà fort, et c'est une histoire totalement différente. Un des jours où j'étais à l'hôpital, je me souviens .. pour une raison quelconque, j'ai arraché la tête hors de ma civière. Ensuite, je tombai à genoux à ma fenêtre et j'ai commencé à prier dans la lumière qui ruisselait dans ma chambre. La lumière pure. Je voulais que la lumière pour remplir mon être pour me protéger contre le mal que je sentais autour de moi. Ne me demandez pas pourquoi j'ai arraché la tête hors de ma civière. Je n'ai aucune idée à ce jour. Cependant, je ne me souviens de la réaction du personnel quand ils ont vu ce qui s'est passé. J'étais encore à la fenêtre priant d'être laissé hors de ce lieu profane, j'ai entendu un pas lourd entrer dans la pièce. Puis j'ai entendu, "Putain de merde! Ce mec a arraché la tête hors de sa civière! " Il y avait une trace de peur dans sa voix, que je pensais. Continuai-je, la tête baissée, pour prier, en attendant d'être puni pour ma transgression sur la propriété du Diable. Rien ne s'est passe. Certains infernales ceux qui ont été passer pour des médecins sont entrés dans la chambre. Ils m'ont posé des questions, j'ai répondu. Rien de plus devenu de cette situation.

Leaf était censé être ici il ya une heure, je me suis dit.
Mon frère, Leaf, était un étudiant de l'école secondaire et
il venait me rendre visite à l'hôpital universitaire Stonybrook ce jour-là. Je me souviens avoir pensé qu'il devait
avoir été tué par les mêmes salauds qui ont été me garder
à l'hôpital. Donc, je suis allé balistique. Personne ne salit
avec n'importe qui dans ma famille! Le reste de ce qui
s'est passé après cela est un peu flou. Les haut-parleurs
hurlaient "Code M, 10 nord" et les gens en blouse blanche
se précipiter autour. La prochaine chose que je me souviens
est lié à nouveau. Encore une fois les contraintes de cuir.
Quel dommage ! Environ quatre heures plus tard, j'ai vu
ma mère avec mon beau père. Je pensais que mon père
avait pipi dans son pantalon, il avait tres peur. Il avait une
grande marque humide sur ses fesses. Ils m'ont dit que
Leaf était sûr, et ne vous inquiétez pas. Tension assoupli
loin de moi. Dieu merci Leaf allait bien, pensai-je. Maman
et papa sont restés pendant un certain temps parlé un peu de
me battre mes dragons. Merde, je savais qu'il y avait des
diables et des démons ici, mais je n'avais pas vu de dragons. Je me demandais à quoi ils ressemblaient.

À 17 heures tous les jours, l'amour de ma vie est venu
me rendre visite. Peu importe à quel point je me sentais ce
jour, la voyant a la légèreté de mon cœur. J'ai vécu pour
voir son sourire doux et déguster ses doux baisers. Nous
avions été de sortir pour trois ans et demi, depuis le lycée.
Elle viendrait avec délicieusement cuisiné de la maison la
nourriture chinoise. Ou fruit. Ou des fleurs. Ou des livres
pour lire. Aujourd'hui, elle a chanté pour moi. Elle avait la
voix la plus douce. Celui-ci infirmier que je ne pouvais pas
tenir debout, l'a complimentée sur sa belle voix. J'ai souri
parce qu'elle était la mienne. Elle était ma plus grande
raison de rester en vie et garder espoir. Ainsi, elle a chanté
des chansons folkloriques chinois pour moi. Joli. Je ne

pouvais pas dire ce que les mots signifier. Jours fusionnées ensemble jusqu'à ce qu'il devienne un modèle prévisible et j'avais perdu la notion du temps. Ce genre de chose peut se produire dans une salle qui est blanc et stérile.

Je pensais que la puissance infernale avait un pouvoir absolu sur ce royaume. Donc, j'ai dû expulser toute sorte de notions dévergondés de ma tête. Je contrôlais mes pensées. Je contrôlais mes fonctions corporelles, au point que je mange seulement 3 pommes par jour. J'ai fait cela pendant 2 semaines. Mon poids est passé d'un maigre 84kg à 74 kg. Pour un gars qui est 190 cmqui mange normalement plus de 2000 calories par jour, il était très difficile de survivre avec environ 300 calories par jour. Je me souviens avoir fait du bénévolat pour "nettoyage" dans le service. Qu'est-ce que je devais faire pour ce travail était d'aider à assainir après les dégâts faits par les autres patients après qu'ils eurent mangé à la çafétéria. Je m'asseyais au soleil, se sentant très faim, alors que tout le monde a mangé. C'était un travail très difficile. Et certaines des personnes qu'il a fait désordre qui sentait si bon pour moi parce que j'avais tellement faim. Je me souviens de nettoyage compote de pommes que quelqu'un était tombé sur le sol. La parfumé, odorante, appliquer bonté imprégné mes narines. Mais, j'ai nettoyé les autres désordres. J'ai essuyé les tables, et je suis retourné dans ma chambre pour s'asseoir dans ma grande chaise en plastique bleu. Je pensais que je devais contrôler mes fonctions corporelles animalistic parce que les choses du corps ne sont pas de Dieu, et la gourmandise est un des sept péchés capitaux. Je voulais être du côté de Dieu.

Ma chambre était mon refuge. La porte était toujours entrouverte. Si elle était ouverte trop large, on m'a fait mal à l'aise par les bruits infernaux en dehors de ma chambre, et quand il a été totalement fermé .. Eh bien, j'étais mal à l'aise d'être seul avec cette présence infernale. Donc, je me suis assis dans le bleu chaise en plastique. Pendant un certain temps, au début de l'hospitalisation, je m'assois sur la chaise et regarde fixement le mur en face de moi. J'imaginais que c'était là mon corps serait placé après avoir été tué par ces prétendants adorateurs du diable horribles. Je dois avoir regardé cela, mur blanc au moins 400 heures dans le mois et demi que j'étais là. Mon esprit tourné et tourné et travaillé et travaillé. Je ne le savais pas à l'époque, mais l'hôpital était le meilleur endroit pour moi à ce moment-là. Il m'a donné la chance de me retrouver ensemble. Ce fut une chance que je n'aurais pas eu à l'extérieur des murs de la salle.

Mon amour m'a apporté des pommes et des fleurs. Je lui ai demandé de m'apporter des pommes parce qu'ils n'étaient pas très acide, et ils étaient plus approprié pour manger sur un estomac vide. J'ai mangé le fruit lentement pendant deux semaines, et je mangeais seulement 3 pommes par jour. Les fleurs étaient le symbole de notre amour. Je savais qu'ils allaient mourir dans l'hôpital si j'étais là depuis assez longtemps. Donc, pour rappeler sa gentillesse j'ai pris une des fleurs et la serra dans un livre. J'ai toujours cette fleur, dans un de mes albums photos. Que la fleur signifierait changerait que nos vies ont changé. Quand elle m'a donné la fleur, il était vivant, comme notre amour. Maintenant, c'est une fleur morte, pressée derrière un cellophane, un rappel de ce qui était autrefois une belle chose vivante. Il est toujours aussi belle, mais il est mort. C'est comme notre amour.

Une des infirmières a dû dire à mon amour que je ne mangeais pas beaucoup. Alors, elle m'a cuisiné de délicieux, épaisses, les nouilles de riz, le lendemain. Elle a apporté de la nourriture dans un récipient Tupperware.

Quand elle a enlevé le haut, la salle fut remplie de l'odeur
alléchante de la nourriture délicieuse. Je lui ai dit que je
ne pouvais pas manger. Je craignais pour sa sécurité. Je
me sentais si je me livrais à cette nourriture, elle pourrait se
blesser par ceux qui voudraient faire du mal à elle. A nous.
Elle m'a convaincu de prendre une petite bouchée. J'ai pensé que ce serait bien. Ce n'était pas. Après deux semaines
de manger rien que des pommes. Quand j'ai eu cette délicieuse nourriture sur le bout de ma langue imprégné mes
sens. C'était plus que je ne pouvais supporter. Je ne pouvais
pas arrêter de manger, et j'ai mangé tout le récipient plein
de nourriture. Elle semblait très heureuse. Après avoir vu
aucun mal venu pour elle ou pour moi. Moi aussi, j'étais
heureux. Elle est restée pendant une heure, puis elle est
partie. Sa chaleur a été supplanté par le froid, la sensation
diabolique de la salle. Quelqu'un a crié. Je ne sais pas
quoi penser. Je suis allé m'asseoir dans mon grand fauteuil
bleu, et je fixais le mur. Je me suis assis dans le fauteuil,
et finalement, le coucher de soleil. Je jetai un regard vers
le soleil car il a établi. Les teintes rougeâtres il dégageait
remplis ma chambre, puis l'obscurité, les ténèbres l'ami
de l'infernal. Alors, j'ai attendu là jusqu'à ce que je me
sentais endormi. D'une manière ou d'une autre, je me suis
endormi.

Un autre jour, j'ai réalisé que la plus grande chose que
je pourrais me blesser avec l'appareil étaient les tables
de salle à manger. Peut-être que je pourrais faire preuve
de créativité avec la douleur si je pouvais obtenir une de
ces tables de tomber sur moi. Je pensais que c'était une
bonne idée. J'ai ouvert ma porte, et je marchai dans le
couloir. Les gens sont sortis de mon chemin. Debout à
190cm avec rien mais le muscle et l'os, et un regard d'acier
dans mon oeil. Eh bien, je serais peur de moi quand je
suis dans cet état d'esprit. Donc, je suis entré dans la salle

à manger, et il n'y avait personne là-bas. Bon. Je suis sur mon dos dans l'une des grandes tables, et j'ai lancé à la fin de la table dans l'air. J'ai oublié ce qui s'est passé ensuite. Mais, j'étais sur mon lit avec un groupe de médecins et d'infirmières autour de moi. L'un des médecins s'est présenté. "Bonjour, je suis le Dr Bush." Il a déclaré: Fantastique, ce indien se moque de moi aussi. Il veut à ce que je crois qu'il est le président. Je ne pense pas. C'est ce que je pensais. J'étais terrifiée des yeux affamés que tous les médecins et les infirmières avaient sur leurs visages. J'avais peur de ce qu'ils feraient prochaine. J'ai été ligoté et impuissant à résister. Le Dr Bush a sorti une aiguille et dit: «Ce ne sera pas un peu mal.» Il a pris mon sang. Pour vous rafraîchir? Fichu pontes suceurs de sang du diable! Après une éternité, il a dit: «Bon. Terminé. Et moi, j'étais couché sur la civière qui a été trempée dans mon propre sang. Sanglant travail, Docteur.

Je vois la fille mignon nymphomane japonais que j'ai vu dans la salle d'urgence Psych autour de la salle d'hôpital, de temps en temps. Je ne savais pas quoi faire d'elle. Elle me regardait toujours avec des yeux pleins de luxure. Je n'étais pas prêt à tricher sur l'amour de ma vie, donc je marchais toujours par. Je me souviens d'un après-midi peut-être une semaine dans mon hospitalisation, j'étais dans mon lit, essayant de se détendre. J'ai vu une forme entrer dans ma salon. J'ai tiré mes couvertures, et il y avait la fille japonaise. Qu'est-ce que vous faites chez moi ? J'ai demandé. Elle ne répondit pas, mais elle a essayé de monter dans le lit avec moi. J'ai juste réagi. Je sorti de mon lit, et a elle a crié. "Ne pas entrer dans mon lit à nouveau, et sortir de ma chambre!" Elle ne s'attendait pas à cela, Je ne pense pas. Et elle sortit de ma chambre, tout suite. Je n'ai même pas essayé de reconnaître son existence par la suite. Avec le recul, peut-être que j'aurais dû être un peu plus doux, mais quand vous êtes hospitalisé pour un trouble mental et que vous êtes dans une phase aiguë perturbé, il est difficile de donner une réponse mesurée.

Mon médecin, le Dr Frances, était un medicin etrange. Dans beaucoup de films plus vieux l'acteur représente le diable arborant une barbiche et moustache diabolique. Je ne sais pas comment le décrire. Eh bien, c'est la façon dont il avait sa barbe. La première fois que je l'ai vu, c'était étrange. Je pensais, il est Méphistophélès lui-même. Il partout aparece dans la salle, quand me chercher dans des endroits et des situations inattendues. Une fois, j'étais dans un groupe qui cuisiner des nouilles au beurre d'ail. Il est sorti de nulle part, et il a commencé à me poser des questions tres rapidemente. C'était vraiment difficile de régler ce docteur. Je ne me souviens pas l'avoir vu souvent. Je pense que je l'ai vu en moyenne une fois par jour durant les tournées du matin.

Medicaments Au cœur de toute expérience dans un hôpital psychiatrique de ces journées est la médecine. Je ne sais pas ce qu'ils faisaient sur moi dans la salle d'urgence. Ils m'ont injecté quelque chose, et ils m'ont donné petites pilules blanches, plus tard, j'ai appris qu'ils étaient appelés Ativan. L'Ativan m'a calmée certains, mais la substance injectée était comme une ombre qui m'enveloppait.

Sur l'unité, ils m'ont donné un liquide à boire. Ils ont mélangé ces liquide de mauvais goût avec du jus d'orange. Les médecins semblent raisonnablement satisfaits. Je n'étais pas parce qu'il a provoqué une éruption rouge à pousser sur ma peau. Les médecins voulaient me marquer avec un marqueur magique pour suivre la croissance de l'éruption. Je leur ai dit que je ne voulais pas que cela se produise, et que je pense que la médecine est la cause.

Alors, ils m'ont emmené au large que la médecine, et ils me lancez pas sur l'autre drogue. Il a été appelé Navane. La première nuit, je l'ai pris, j'ai remarqué goules marchaient devant ma porte. Je ne pouvais pas dormir pendant une longue période. Puis, de toute façon je dormais. Je me suis réveillé à une vibration provenant du radiateur au pied de mon lit. Il était presque douloureux, et je ne pouvais certainement pas dormir. En outre, les vibrations venaient de la bouche d'aération. Et, j'ai eu une contraction musculaire douloureuse dans mon dos. "Génial!" Je pensais. «Ce nouveau médicament va être pire que l'autre." Ainsi, la journée a commencé.

Après avoir été réveillé par les vibrations, j'ai décidé que je devrais aller faire ma toilette du matin, les fidèles n'impore les diables. Donc, je suis allé à ma salle de bain et moi-même soulagé. Je me brosser les dents, et j'ai pris une douche. La douche était vraiment la seule chose agréable, je me laissais faire. Mère appelait cette sensation de plasir "L'Ange de l'eau». Et, vraiment, j'avais besoin d'une partie de cette puissance angélique ces jours-ci. La douche était terminée trop rapidement. Je suis sorti de la douche, et j'ai vu qu'il y avait une petite piscine d'eau en dehors de la douche. "Merde eux." Je pensais. Et, je suis retourné à ma chambre. Je me suis habillé. Maman m'avait apporté quelques courts métrages avec des crânes sur elle. J'ai encore un peu de courage, je pensais, mais je n'avais jamais eu le courage de porter crânes autour de ces personnes infernales, donc je me suis habillé dans certains fatigues et un t-shirt. Pour ceux qui ne savent pas ce que sont fatigues .. ils sont l'enjeu pantalon standard à la grogne de l'armée. Ils sont les pantalons avec imprimé camouflage. Je pensais qu'ils étaient cool à l'époque, même si je savais que la guerre, c'est l'enfer. "Hé, je suis en enfer." Je pensais, donc il n'y avait pas grand-chose d'un point à ne pas les porter. Puis je suis allé à la poste des infirmières pour demander un rasoir. L'infirmière a agi comme si je demandais quelque chose de déraisonnable, mais finalement j'ai obtenu mon rasoir. Je pense que quelqu'un me regardait pendant que je servais. Je ne me souviens pas. Ensuite, je l'ai retourné. Ceux rasoirs qu'ils utilisent dans les salles psych sont rien de tel qu'un Mach 3. Vous avez se couper beaucoup. Il produie un peu de sang. Pas une bonne chose. Ensuite, j'ai attendu dans ma grande chaise en plastique, bleu, craignant que je serais sorti de ma chambre, de force, et maintenu enfoncé et dévoré. C'était la pensée quotidienne, la pensée qui était toujours présent. Mais, vers 8h du matin, une infirmière est venue autour avec mon Navane liquide. Elle était une personne heureuse. Son nom était Mary. Comme la mère de Jésus, je pensais. Il faut necesaire que elle est bonne. Alors, j'ai pris le médicament offerte, et elle sourit. Il était rare de voir un sourire à cet endroit, J'ai donc été heureux de le voir. J'ai répondu à la gentillesse. Ensuite, je suis retourné à la chaise, et j'ai attendu. A 9h, le petit déjeuner était servi. J'ai eu l'avoine, du lait et du jus d'orange. Il était le petit déjeuner par défaut. Donc, j'ai appris ce jour-là, à partir de l'un des patients que vous pouvez réellement choisir votre propre petit déjeuner. Alors, j'ai fait. J'ai aussi choisí mes déjeuners et dîners. C'était une chose agréable d'être en mesure de contrôler ce qui se mange.

Pendant tournée matinale, les médecins m'ont demandé un monton des questions. «Comment allez-vous?" On a demandé. Cette question a été posée chaque jour. Je me sentais si je pouvais répondre correctement, je pouvais sortir. Alors, j'ai répondu: «Je suis bien. Je suis malade. Je suis ici, et je ne suis nulle part. Je suis un homme bon. S'il vous plaît laissez-moi sortir ". Ils ont toujours pris des notes, et confère à l'autre. Mais, je n'ai jamais su ce
36

qu'ils pensaient. Alors, je leur ai dit: «Je n'ai pas besoin de la médecine." Juste comme ca. . . Et, ils m'ont surpris en disant: «Ok, alors vous n'obtiendrez pas ce soir, et nous allons voir comment vous faites." J'étais folle de joie. «Aucun médicament!" Je me suis dit. Je suis allé passer la journée peur comme d'habitude, mais heureux comme un poisson. Cette nuit-là, je n'ai pas été offert toute Navane. Je me mis au lit. J'ai attendu que le sommeil me dépasser. Cependant, les fantômes, les démons, et les démons à ma porte semblait encore plus menaçant que d'habitude. Plus présents. Pendant 4 heures, j'ai entendu des gens crier, rire, et traînant autour. Certaines des personnes qui ont effectivement débuté semblant éthérée. Ensuite, il était comme il était dans la salle d'urgence psych. La peur était là, dans mon visage, dans ma chambre, dans ma tête. Je suis venu à la conclusion que je devais mourir ce soir. Donc, je me suis dit, peut-être que la médecine sera terne me suffit donc je ne vais pas sentir de cette façon. Peut-être que je n'ai pas à sentir de cette façon. Donc, je suis allé chez le médecin et le priai de me donner des médicaments. Il m'a demandé pourquoi. Je lui ai dit que dans le livre de Heart of Darkness de Joseph Conrad, avant que le personnage principal est mort, ses derniers mots furent "Oh, l'horreur!" ... Je sais ce qu'il pensait maintenant. Pour moi en ce moment, ce que je ressens est, "Oh l'horreur! Oh la terreur! " S'il vous plaît me donner un médicament. Oui il moi-donnait. J'ai comprendait. Je ne pouvais pas dormir beaucoup plus tard, mais je pense que j'ai eu 1 ou 2 heures de sommeil. Mais, au bout d'une heure, la terreur dissipé un petit peu. Je savais, à partir de ce moment-là, que j'aurais besoin de continuer à prendre le médicament pour eviter que les sentiments d'horreur et de terreur volver. Cette prise de conscience était essentielle pour mon éventuelle reprise.

Je me souviens de l'un des jours que fusionnées dans les autres quand j'étais à 10 du Nord au CHU de Stonybrook. Je me promenais autour de la unite sans but, et j'ai noté une brochure sur une maladie intitulé «schizophrénie». Par curiosité, je l'ai lu. Il y avait un passage là-dedans qui dit: «Parfois, les gens atteints de schizophrénie pensent qu'ils sont Jésus." Je me suis dit, hey c'est moi! Peut-être que j'ai cette maladie appelée schizophrénie. Une graine a été plantée dans mon esprit. Peut-être cette expérience 'avoir eu un nom. Si cette condition a un nom, peut-être on peut la traitée!

Tout le monde avec le experience de une hopital psychiatrique, sait que vous avez besoin d'aller à des groupes de hâter sortir de l'hôpital. Je n'avais aucune idée, donc pour les deux premières semaines, je suis resté dans ma chambre, et je ne suis pas allé aux groupes. C'était vraiment difficile de rester là toute la journée, mais finalement j'ai compris la vie de la unite. Je n'ai pas envie d'aller à des groupes d'artisanat, parce que j'ai eu une énorme quantité de travail que je devais faire pour la physique des écoles, structures de données avancées et ainsi de suite, ou alors j'ai pensé. Mais, à des groupes d'artisanat, j'y suis allé. Finalement, je suis allé à chaque type de groupe de l'ergothérapie et de loisirs unique que je pouvais. C'était mieux que d'être seul avec mes démons. Au moins de cette façon, j'étais parmi eux.

Porquoi en les hôpitaux psychiatriques nous toujours faisons les cendriers? Je pense que c'est quelque chose que chaque patient psych a fait à un moment ou un autre de leur vie. Un peu de coulis, les carreaux, et un cendrier n'a jamais semblé si utile! Dans le groupe, j'ai fait la mienne aussi. J'ai même eu deux tuiles en forme de coeur, un symbole de ma mère et un symbole de ma amour. C'était un travail d'amour transcendant. Je ne pense pas que j'aurais pu le vendre pour tout l'argent dans le monde. Elle a un sentiment trop symbolique dans mon esprit. Je pense que j'ai la confié à ma mère, et elle a probablement été perdu dans les deux premiers jours depuis la elle donner. C'est drôle comment les choses deviennent tellement significatif quand vous êtes dans les affres d'une probleme nerveuse.

Aussi, à proche de tous les hôpitaux psychiatriques il y a des réunions communautaires. Ils sont patients afin qu'ils puissent exprimer leurs préoccupations et de se connecter les uns avec les autres et le personnel d'une manière constructive. Je n'avais aucune idée de ce qu'il faut faire des réunions communautaires. Tout ce que je savais, c'est que le médecin qui a écrit les cartes pour quitter l'hôpital était là. Donc, je étais sûr que je ne voudrais pas manquer l'une réunion . Le nom du médecin était le Dr Pass. Je pense qu'il aurait changé son nom pour des gens comme moi obtiendraient le soupçon. Il faut etre gentil avec Dr. Pass. Donc, dès que j'étais conscient du fait que les gens puissent faire des travaux, et cela a été encouragé par le Dr Pass. Eh bien, j'ai été volontaire pour 3 des emplois sur l'unité rapidement. J'étais un hôte, aux équipes de nettoyage dans la salle à manger, et un autre emploi que je ne me souviens pas. Alors, j'ai eu tellement de nombreux emplois de les patients à un moment donné que le docteur passe plaisanté, "A ce rythme, vous allez faire tous les postes de l'unité en deux semaines." Son maniérisme était détendue, j'étais presque en mesure de prendre le compliment dans le bon sens. J'aurais pu, s'il n'était pas une sorte de démon. Mais, pour survivre dans ce monde, vous devez être politique. Donc, je me suis assis et j'ai souri.

Finalement, s'accrocher à ce qui restait de ma santé mentale et un bon comportement doit avoir montré à travers, parce qu'on m'a dit que je pouvais sortir de ma chambre solitaire et dans une chambre avec un colocataire. C'était un grand mouvement en fonction de mon infirmière. Je me sentais un peu mal à l'aise de partager une chambre avec une âme perdue, mais j'ai souri et dit: «Je vais chercher mes affaires." Et donc continué mon voyage en voyant à quelle profondeur le terrier du lapin est allé.

Chapitre 3: Mes débuts

Je suis né le 17 Décembre 1972 à l'hôpital Bellevue de Manhattan. Nixon était encore président. La guerre du Vietnam faisait encore rage, et près de 46 mille soldats américains ont perdu la vie à ce point dans la guerre. Peu de temps après ma naissance, maman portait un bracelet MIA-POW en cuivre poli et sous elle collé mon étiquette d'identification du bébé. J'étais son petit soldat. Maman m'a dit qu'il y avait un incendie à l'hôpital Bellevue cette froide nuit Décembre que je suis né, et il neigeait dehors. Je suis né prématurément sur une nuit de feu lumineux et de glace gel à New York City. Ce mélange de feu et de glace serait colorer le reste de ma vie, pas dans un sens littéral, mais au sens figuré. J'ai eu beaucoup de moments sublimes dans ma vie. J'ai été capable de faire beaucoup de tours de force et d'intelligence, cela a été mon feu. J'ai eu beaucoup de jours de solitude et de choses tristes m'arriver, comme il arrive à tout le monde. Cela a été la glace qui a étreint mon cœur depuis bien des années.

Je suis né trois mois prématuré, alors que tous les autres bébés prématurés à Bellevue, j'ai été appelé un "petit champion". Beaucoup d'enfants en 1972 qui naît aussi petits que moi ils était mort. Ces jours-ci le soin qu'une "prématuré" obtiendra, c'est mieux. Cependant, la vie et la mort est toujours un pari. Parfois, je me suis demandé: «Pourquoi étais-je dans une telle précipitation à affronter le monde?" Vous savez quoi? J'oublie. A ce jour, je suis toujours en une etat de la précipitation. Peut-être que c'est à cause de la grande ville où je suis né et j'ai grandi, New York City. Le rythme effréné de la ville pénètre dans les os.

Je suis né pour ma mère Marye Harris et d'un père biologique dont le nom, jus'que ce jour, je ne sais pas. Tout ce que je sais au sujet de mon père biologique, c'est qu'il a travaillé comme avocat. Il était plus âgé que maman, et que, selon ma mère, il etait un bonhomme. Je sais qu'il a pris de nombreuses causes sociales comme un avocat. Maman dit qu'ils s'aimient et qu'il a demandé à ma grand-mère pour sa main. Mais, quand ma mère a refusé de se convertir à sa foi, le judaïsme, il nous a abandonnés. Quand il a découvert que ma mère était enceinte de moi, il a fait en sorte de lui dire qu'il ne voulait plus jamais me voir, et nous n'aurions jamais obtenir de l'argent de lui. Il était le fils d'un rabbin, et je comprends qu'il a été descendu de la ligne Cohen. Je ne savais pas que j'avais trente-trois ans et je lisais un livre sur le judaïsme que les Cohen remonter leur lignée au premier Grand Prêtre du peuple juif, à Aaron, le frère de Moïse. Du côté de ma mère, notre lignée a été retracée à Charlemagne, les pèlerins et d'autres de la note dans l'histoire. Je pense que si vous rechercher votre généalogie remonte assez loin, tout le monde est liée à une figure historique parce que le monde était beaucoup plus petit à l'époque. Ma mère était anglo-saxonne avec sang mélangés du allemand, irlandais, norvégien, français, écossais, espagnol. Passé récent de mon père biologique était quelque part en Russie, étant de décent juive russe.

Pour la plupart de ma jeune vie, je détestais mon père biologique invisible, et j'aurais volontiers lui faire très mal si on leur donne la chance. Je pense que beaucoup d'enfants qui sont abandonnés par leurs parents se sentent de cette façon. Je ne me blâme pas. Je pense toujours qu'il a fait le mauvais choix, quand nous quitter. Il a raté mon enfance, et je pense qu'il aurait pris bien soin de ma mère et moi. Cependant, le monde était un peu différent dans les années 70. La société en général était plus rigide, moins indulgent que aujourd'hui, et si je comprends bien, la société juive, et plus encore. Même aujourd'hui, beaucoup d'hommes juifs religieux ne se marieront pas sortir de leur foi. Je voudrais penser que dans la société plus libérale d'aujourd'hui, ma mère et mon père ont pu marier. Ce n'est pas certain, parce qu'il était juif orthodoxe. Mais, ce qui était, a passé. Leur amour ne devait pas durer, et moi, le produit d'une rencontre amoureuse de leur part, je vive comme un testament de ce qui aurait pu être.

Maman finissait ses études supérieures dans le département de l'éducation à la universite du Hunter alors qu'elle était enceinte de moi. Cela a dû être difficile pour elle, jonglant nausées matinales avec le stress de classes. Après elle m'a eu, il était certain que j'allais vivre ou mourir à cause de ma naissance prématurée. Elle m'a rendu visite tous les jours à l'hôpital. Cela a dû être un moment difficile pour elle. En outre, elle ne pouvait pas me toucher parce que j'étais dans un lit spécial pour les bébés prématurés appelé un incubateur. Elle a vu les médecins me nourrir par voie intraveineuse à travers mes pieds parce que j'étais trop petit pour prendre en nourriture avec ma bouche. Comme maman le dit, un jour, les médecins ont dit à maman: «Nous allons lui donner la nourriture liquide. Aujourd'hui déterminera s'il va vivre ou mourir ". Après un certain étouffement initial, j'étais capable d'ingérer de la nourriture liquide, et grâce à Dieu, et, grâce à ma volonté de vivre, je vivais. Mon premier souvenir est d'une maison en taxi avec mon beau-père chinois Jiang Yu, maman, et un paquet de joie qui grandira pour être mon meilleur ami. Ce paquet de joie était mon petit-frère Leaf. J'étais autours de trois ans. Il a dû être un souvenir puissant je n'oublie pas ce moment temps jusqu'à aujourd'hui. C'était la nuit. Le taxi a parcouru les rues de Manhattan sous les lumières de la ville qui ne dort jamais. Je me suis retrouvé un frère aîné. Et, maman m'était influencé que je serais un bon frere. Aussi loin que je me souvienne, j'ai toujours aimé être un bon frère aîné.

Mon deuxième souvenir le plus ancien est une instance dans ma maman m'a parlé. Je pense Leaf était dans quelque part en les environs. J'étais très jeune. Maman m'a dit: "Est-ce que cet homme (mon beau-père chinois Yu), est un bonhomme. Il va prendre soin de nous. Je veux que vous le traitez comme votre propre père ". Je pouvais sentir une grande tristesse à ma mère. Je résolus de lui faire fier de moi, et à partir de ce jour, je me suis fait respecter et même aimer mon beau-père comme s'il était mieux que mon propre père biologique parce que mon vrai père nous a abandonnés. Cet homme doit être mieux que je pensais. Je devais avoir environ quatre ans. J'ai eu de larges épaules pour transporter de grandes charges émotionnelles, même à l'époque. Je n'ai jamais plaint. J'ai souri et j'ai lui porté.

Ma mère et mon beau-père me disent que, à environ deux ans, je me suis levé en la Mustang bleu de mon beau-père, et je lui montrai un signe "M" de McDonald, et je articulai un son .. "Mmmm". Maman a pris cela comme un signe avant-coureur que je serais un enfant précoce. Après une demi-année de maternelle, j'ai été placé en première année parce que j'ai été jugé clair au-delà de mes années. D'être le "garçon sous la diapositive" avec les jolies filles de la maternelle, je suis devenu le plus jeune dans une classe d'étrangers. Je me souviens de la nuit avant que je suis allé à la première année. J'étais pris de panique que je serais aller à une classe remplie d'enfants que je ne connaissais pas. Ma mère m'a donné un peu de réconfort. Cependant, comme le temps van a montrer, mes craintes se révéleront bien-fondé. J'ai eu des troubles sociaux, pour diverses raisons au cours des prochaines années comme un enfant à l'école publique 59.

Quand j'étais en sixième année, un professor m'a abusé verbalement. Nous venions d'un voyage, et le professeur substitut que nous avions pour une journée posais quelques questions à partir d'une feuille de papier. Je savais que chaque réponse à chaque question, et je faisais un de ces enfants ennuyeux qui voulaient montrer au professeur que j'avais fait attention. Le reste de la classe était silencieux pour la plupart des questions. Donc, ce professeur a été d'âge moyen, calvitie, court et a me dit, en face de la classe: «Vous pensez que vous êtes assez intelligent. Mais, laissez-moi vous dire quelque chose. Si je donnais la classe d'une cession, et je l'ai organizé pour eux, ils sauraient mieux le sujet que vous. Ils seraient mieux que vous. " Cette logique me dévastée. J'étais découragé le reste de la journée, et je n'ai pas levé ma main pour rien. Dans rétrospection, il est difficile de croire que des gens comme ça sont autorisés à prendre soin des enfants, et je pense qu'il a réagi comme il l'a fait parce qu'il a reconnu mon intelligence, était jaloux, et il a voulu me humilier. Il doit avoir été un homme de un âme petit et tordu.

Malgré tout, j'ai adoré encore beaucoup à apprendre, et j'ai obtenu le major de ma classe de l'école élémentaire. Le major a été décidé par l'examen "Partout dans la ville", un examen comprehansive donné à tous les élèves de 6e année à New York. J'ai marqué dans le top 1% de la ville en lecture et en mathématiques quand j'étais en classe de 6e. Cela signifiait que je pouvais censé lire et faire des mathématiques au même niveau en tant que 12ème niveleuse moyenne. Je me souviens de la cérémonie de remise des diplômes, tout le monde devenait leur «le plus amélioré» et d'autres types de récompenses avec beaucoup d'attention et les applaudissements. Ensuite, le prix de la major est venu. C'était un félicitations très abrégés. Il me semblait que les enseignants se précipitèrent cet honneur, pour une raison quelconque. Je ne comprends pas que cela devrait être une grosse affaire assez jusqu'à ce que, plus tard, quand j'ai regardé ma décision et j'ai regardé le mot «écarté».

J'ai toujours été un bon lecteur parce que maman a accordé une attention particulière à mes capacités de lecture à un très jeune âge. À ce jour, elle me disait que j'étais un «lecteur né". Elle jouait avec moi en mettant cartes autour de l'appartement et nous avions plaisir à jouer ensemble lecture. Quand j'ai grandi, nous allions à la bibliothèque Donnell sur cinquantième rue comme une friandise. Je me souviens de ces jours. J'ai toujours aimé aller à la bibliothèque. Je me souviens d'être fasciné par la mythologie grecque, quand j'étais en 4e année. La plupart des gens quand ils touchent sur les mythes grecs vraiment les apprécier, je pense. Je leur ai mémorisé. Et, un jour, sur une visite au Metropolitan Museum, un guide a demandé à la classe si quelqu'un connaissait l'histoire d'Hercule. Hercules était une de mes histoires préférées des mythes grecs, donc j'ai levé la main. Le guide m'a demandé si je pouvais raconter l'histoire d'Hercule à la classe. Ainsi, pour les cinq minutes prochaines, j'ai conté une des versions de la mort d'Hercule. C'était amusant de partager un peu de ce que je connaissais avec les autres.

Je n'ai pas toujours été bon en maths. Dans la deuxième année, j'ai eu du mal avec les tables de multiplication. Je n'ai pas très bien. Pauvres compétences en mathématiques étaient inacceptables pour mon beau-père papa Yu. Il est résolu que l'été pour me conquérir mes mathématiques lors de notre voyage en famille à Lake George. C'était cet été où j'ai appris à penser mathématiquement.

À Lake George, nous étions tous à un bungalow d'environ 5 minutes à pied du lac. Ce devait être un de mes voyages préférés de mon enfance. Je me souviens du premier jour où nous sommes arrivés, j'ai été bouleversé de manquer le dernier "Dukes of Hazard" sur le television. Je suis heureux de dire que j'ai appris à vivre sans la télévision, cet été. Le pays est une bénédiction pour un enfant de la grand ville. Mélangé à de l'éducation mathématique qui a été beaucoup de plaisir avec mes frères Leaf et Chung. Nous sommes allés nager dans le lac George, pêche, canoë, et pratiquer des sports en plein soleil. Grands moments. La seule chose qui était désagréable était les leçons de mathématiques de mon beau-père. Avec le recul, les leçons de mon père étaient comme la médecine. Ils ont laissé un mauvais goût dans votre bouche, mais ils étaient bons pour vous. Donc, nous avons eu des classeurs de mathématiques. Je crois qu'ils sont encore à vendre la série cahiers de mathématiques du "Spectrum". Je devais faire une page entière de mathématiques dans le classeur tous les jours. Je ne pouvais pas jouer ou faire quelque chose d'amusant jusqu'à ce que cela a été fait. Leaf a été faite pour faire des maths aussi. Au début, il était très difficile de me discipliner pour le faire. Cependant, à la fin de l'été, mes compétences en mathématiques et la capacité de me discipliner étaient beaucoup mieux. A fin de l'été il n'était pas si mauvais, et j'ai pu les maths en une heure parce que j'ai appris à travailler rapidement. J'avais appris à faire des problèmes de mots, le calcul des intérêts simples et composés, le théorème de Pythagore, et j'ai appris comment trouver la surface et le volume de solides géométriques de base qui n'ont pas courbé. Quand je suis rentré de vacances d'été, je suis allé d'être l'un des pires élèves de mathématiques au meilleur de ma classe, en quatrième année. En rétrospective, c'était vraiment incroyable de voir comme extrêmement j'ai grandi avec un petit peu d'attention.

Chung et Leaf étaient gars cool de traîner à Lake George. C'était la première fois que je traînais avec mon beau-frère Chung. J'ai trouvé son intérêt pour la série CS Lewis Narnia fascinant. Il m'a prêté un livre intitulé "Le Chaise d'Argent». Je me souviens que les géants et la magie du monde de Narnia m'a attiré dans comme rien d'autre que j'avais lu auparavant. Je n'ai jamais vraiment lu fiction jusqu'à cette introduction. Avant cela, je n'aimais lecture non-fiction. Cependant, ce modèle de lecture changerait partir de ce moment, en raison de l'influence de Chung. La majorité des livres que je voudrais lire pour le plaisir dans les prochaines années étaient fiction. Aussi, Leaf et moi appris à pêcher avec Chung cet été. Notre première canne à pêche est un pôle de canne. Tous les trois nous partagée. Nous avons pris la carpe et autres avec fait des les Americains, crochets trempé en acier. J'ai trouvé Chung cool la première fois que je l'ai rencontré, et toujours je pense que il est un bon gars. J'ai découvert que c'est agréable d'avoir un frère aîné.

Il ya un tas de moments vraiment puissantes que j'ai vécu comme un jeune garçon. L'un des souvenirs plus puissants est quand Leaf réalisé que nous n'étions pas totalement frères de sang. Je pense qu'il était 7 ou 8. Un jour, à l'improviste, j'ai dit que c'était dommage que nous n'étions pas entièrement liés. Il a été écrasé. Il ne me croyait pas au début. Il ne pouvait pas croire mes mots. On m'a dit que ce fait quand j'avais 3 ou 4. Je l'ai aidé à comprendre que c'est ok. Nous sommes toujours des frères. Le lendemain, il était à nouveau positive. Une nuit de sommeil lui faisait du bien. J'ai toujours essayé de donner de la force de la feuille d'esprit et la confiance qui n'avaient pas été donné par mon beau-père a moi. Je pense que j'ai bien fait, parce que des feuilles de confiance en soi, il était toujours l'un des enfants populaires de sa classe. Je me sentais bien à ce sujet.

Quand Leaf avait 5 annees, j'avais 8 ans. Je me souviens chahutent avec lui, que les enfants sont censés faire, à peu près tout le temps. Je lui prenais de l'école, seul, sans surveillance d'un adulte à cet âge. Un jour, nous chahutent sur un coin de New York, et le moment suivant Leaf a été dans la rue et sa tête est presque écrasé par un bus. J'ai grandi trop vite dans cette fraction de seconde. Je résolus de garder Leaf sûr, à partir de ce moment-là. Maintenant, et puis, je suis content que je n'ai pas tué mon meilleur ami. Je ne sais pas comment je sois vivir avec ça en ma conscience . La honte et la culpabilité aurait été très lourd sur moi. En outre, ma soeur-frère Dora n'aurait pas pu l'épouser. Ses deux belle filles Viki et Cindy n'auraient jamais vu le jour, et le monde aurait été un endroit plus sombre pour sa mort. Parfois je me demande en pensant à cette chose horrible qui a presque pris place, "Pourquoi suis-je le droit de prendre soin d'un enfant si jeune dans une si grande ville, quand je n'étais qu'un enfant?"

Il ya une expérience qui semble d'un intérêt clinique, vraiment, avec le recul. Quand j'étais très jeune, je regardais un classeur métallique dans ma chambre, de près. Je me souviens avoir vu beaucoup de visages dans les taches de métal de la vieille armoire: visages de démons et de la perte, pour la plupart. Ils étaient les visages qui ont été faites de taches de métal. Motifs. J'ai un don surnaturel pour faire des visages à partir d'objets inanimés. Je ne sais pas ce que cela dit à propos de la composition de mon esprit. Mon frère Justice, des années plus tard, m'a donné un examen une fois où il y avait des visages cachés dans l'image. Apparemment, la plupart des gens étant donné ce test pourrait choisir 5. Vous étiez considéré comme excellent si vous avez trouvé 7. J'ai trouvé 12.

Chapitre 4: Un Jeune Vie Prometteuse

Entre l'école élémentaire et Junior High, J'ai grandi. J'ai vraiment grandi. J'ai grandi à proche de 8 pouces en 4 mois. J'étais 190cm et avais 11 ans au début de 7e année de l'ecole. J'étais grandi en le meme maniere de notre President American Abraham Lincoln. Pendant le "Jour de Rookie" les enfants plus âgés ne combate pas avec moi parce qu'ils pensaient que j'étais d'eux. Et, je n'ai pas fait la meme chose comme les enfants plus âgés. Je pensais que c'était une erreur moral combatir avec les students plus faibles, parce que j'étais dans cette position à l'école primaire. J'ai été placé dans les classes "SP". "SP" représenté "Placement spécial", parce que j'avais bien fait sur les examens de la grande ville de NYC. Les enfants SP étaient les plus brillants de mon lycée, Wagner. Je résolus d'être cool dans mon temps a Wagner. J'aspirais à s'adapter. Et je l'ai fait. Je suis devenu l'un des jeunes qui sont populaires. C'était un bon changement de rythme. J'étais encore clair, j'ai toujours eu des notes décentes. Cependant, les notes n'étaient pas trop bonnes. Je serait considéré "cool", et je n'ai pas étudié beaucoup. Mais, c'était un bon moment. J'ai fait des amis à Wagner qui allait durer dans High School. Je me souviens encore beaucoup de mes amis de Wagner avec de bons sentiments. Au moment où j'ai fini avec Wagner, j'ai eu 2 examenes Regents de la science sous ma ceinture et un examen Regents de mathématiques. Un diplôme d'études secondaires Regents était le meilleur type de diplôme que vous pourriez obtenir dans l'État de New York. Un étudiant ne peut obtenir le diplôme Regents si il ou elle a passé les tests Regents. J'étais sur la route de la réussite scolaire précoce. J'ai fait le test spécialisé de l'école secondaire en 9e année et je suis entré dans Stuyvesant High School sans probleme. Seulenent les meilleurs étudiants ont été autorisés à fréquenter les écoles supérieures spécialisées et des écoles supérieures spécialisées à New York, Stuyvesant High School était le plus difficile à obtenir. Cela a été un honor pour moi.

Pour moi, entrer dans Stuyvesant High School, à ce stade de ma jeune vie était l'Alpha et l'Oméga. C'était tout. Cela signifiait que je voudrais avoir un bon avenir, et cela signifiait que j'aurais une vie réussie. Je me souviens avoir les nouvelles de mes bonnes notes sur le examen d'entrance. Je suis sorti de mon titulariat et rebondit sur les murs de mon ecole secondaire comme une balle parce que je ne pouvais pas contrôler mon bonheur. C'était une chose étonnante que j'avais fait. Sur mon formulaire de l'examen j'étais le numéro 17 dans la ville de New York. Mon score était de 636 sur 800, et j'avais battu le nombre requis pour entrer dans Stuy par plus de 100 points. Opération réussie !

Je me souviens du premier jour à Stuyvesant, il était écrasante. Donc, beaucoup d'enfants! J'étais perdu dans la cohue de la jeunesse. Et, la charge de travail a commencé immédiatement. On nous a donné une grande charge de travail dès le premier jour. Pas de tergiversations pour nous. Je pensais que je serais un homme très social. Je n'ai pas étudié beaucoup parce que je savais que je ne pouvais pas se permettre d'aller à l'école "Ivy League" même si je suis en manque de soutien financier de ma famille - et le temps me prouver que la réalisation correcte. Donc, j'étais sociale et apprécié mon temps à Stuyvesant. Je ferais n'importe quoi pour sortir de travail. C'est la folie de beaucoup de jeunes.

Cependant, en dépit de ne pas essayer, j'avais du talent. Au Stuy quand un professeur de littérature a donné un nouveau livre, j'ai l'habitude dévoré ce soir après la classe, et le plus souvent je l'avais fini par temps de classe le lendemain. Je me souviens d'un doctorat littérature qui nous demandions une livre de type gothique que elle nous a donnions pour devoirs, "Quelqu'un at-il terminé la lecture, j'ai assigné à vous hier?" J'étais le seul qui a soulevé ma main. Elle me fixa, et secoua la tête. En rétrospective, je ne pense pas qu'elle me croyait. J'étais un peu de caractère au lycée, et je suppose que j'ai eu la réputation d'être un peu indiscipliné s. Avec le recul, je regrette de donner mon professeur principal tant de chagrin.

J'étais un gars populaire et grégaire et ce fut l'âge d'or de ma vie. Pour une raison quelconque, les gens s'ouvrent à moi. J'étais comme le frère aîné de tout le monde. J'étais chargé d'histoires très personnelles à partir d'un certain nombre de personnes. C'était comme si j'étais un thérapeute. Je pense que j'ai eu une présence qui dit aux gens: «C'est ok. "Je suis de votre cote." Aussi, je ne juge pas les gens .. Je n'ai pas utilisé mes forces s'en provoquer dans les autres. J'ai utilisé mes points forts pour aider les gens. Cela me revint beaucoup d'une journée.

Je traînais dans le parc près Stuy quand, une amie chinoise féminine est venu vers moi. C'était une belle journée de printemps dans le parc près Stuy. Elle a demandé si elle pouvait s'asseoir. "Bien sûr.", Dis-je. Ensuite, elle a avoué quelque chose qui m'a fait me sentir heureux. «Avant que je vous ai rencontré, Will", dit-elle, «j'avais peur de s'ouvrir aux gens, à la vie. Mais parce que je vous ai rencontré, votre influence a fait m'ouvrir aux gens, et je voulais juste vous remercier. " J''étais heureux pour ma amie. Je ne savais pas ce que je pourrais dire, si nous nous sommes embrassés. Ce fut un moment heureux. Je savais que je touchais mon frère Leaf de manière similaire, mais d'avoir une amie qui n'est pas famille, vous donner à ces mots a été un véritable honneur.

J'étais un jeune homme très actif physiquement. J'avais bicyclette, couru, joué au basket, joué handball américain, et j'ai aimé faire du sport en général. Un de mes "choses" a été la formation de force avec push ups. Je me souviens, pour une fois, j'étais dans les scouts, et l'un des gars plus âgés vanté d'être capable de faire une centaine de pompes. J'ai dû inconsciemment ca dans mon esprit comme une sorte d'objectif. Alors, quand mon corps en avait assez mûri pour essayer de faire l'entraînement en force, j'avais quelque chose pour un but. Quand j'avais seize ans, j'ai décidé que je ne serais probablement pas grandir plus, alors pourquoi ne pas prendre au sérieux la formation maintenant? J'ai commencé faire le 30 pompe quotidien. Cela m'a fait vraiment endolori. Mais, après un temps, j'ai pu faire 50 puis 60. Puis 100! J'ai fait quelque chose que j'ai appelé plus de formation pour y parvenir. Je me réveillais le matin et faire 50 push ups, puis le soir, avant de dormir, je ferais un autre 50. J'ai augmenté lentement les répétitions et le nombre de jeux que je faisais des centaines de push ups dans la matinée et des centaines de nuit. J'ai fait cela pendant quelques mois, lentement obtenir plus forte. Je me souviens avoir lu une histoire courte dans un de mes cours de littérature sur Percival marchant autour de Londres à l'époque de Jack l'Eventreur. Dans l'histoire, Percival se promenait dans les rues sombres de Londres au cours de la nuit noire, et il a fait la recherche pour The Ripper pour le traduire en justice. C'était une histoire vraiment bien écrit, je le pensais. Et, à la fin, Percival appréhendé The Ripper. Donc, tout s'est bien terminé. Une des raisons Percival n'avait pas peur à cause de sa grande force. L'histoire dit qu'il se sentait comme s'il avait une «bande d'acier» sur sa poitrine. À l'époque, j'ai compris ce que cela voulait dire, parce que j'ai aussi eu une «bande d'acier» sur ma poitrine.

Faire des centaines de push ups avec aucun but devient ennuyeux. Donc, finalement, j'ai décidé que j'allais me donner un but et essayer de faire le niveau suivant. Mon objectif est devenu 1.000 pompes en une journée. Pendant une semaine, j'ai réfléchi à si j'étais prêt pour cet exploit physique. Puis un jour, j'ai décidé d'y aller. Je me suis donné un après-midi à accomplir cet exploit. Ma première série de push ups était de 100. Je me sentais bien après. Je me suis reposé pendant 2 minutes après que je l'ai fait. Ensuite, j'ai fait une autre série de 100. Toujours senti bien. Reposé 5 minutes. Est-ce que un autre ensemble de 100. Je me sentais bien, pas aussi bon que après la première 100, mais toujours bon. Ensuite, j'ai fait une dernière série de 100. J'ai complété fortement. Pas de problèmes, mais j'ai décidé que je devais compléter l'ensemble de 1000 que j'avais besoin de conserver cette force. Les 12 prochaines séries étaient les séries de 50. C'était vraiment difficile, et je mentirais si je ne disais pas que ma dernière série de 50 était aussi bon que mon premier 100. Mais, je l'ai fait! Oui. En un peu plus de 2 heures j'ai fait 1000 pompes! J'étais vraiment heureux et fatigué. Pour les prochains jours, je me suis reposé. Mes muscles étaient vraiment mal après que l'effort, et quelque chose est arrivé plus tard que me préoccupe dans le recul. C'était un signe. Tout ce que je faisais pour mon corps était en quelque sorte affecter mon esprit. Ce n'était pas seulement un signe physique d'exercice, mais de toute façon il était aussi un signe mental.

Un jour, après ne pas avoir fait tous les exercices ou push ups pour trois semaines, je me promenais dans les couloirs de Stuy au déjeuner, et de nulle part vint un désir de blesser quelqu'un. J'ai imaginé que je pouvais aller dans une des cages d'escalier, et de frapper quelqu'un. L'envie était presque absolue. Presque. J'ai décidé de me mettre dans le bureau de l'infirmière parce qu'une partie de moi était totalement contre cette idée mauvaise. Je suis allé au bureau de l'infirmière et j'ai dit à l'infirmière de service ce qui se passait dans ma tête. Elle semblait surpris, et a dit que il faudrait aller se coucher. Donc, je l'ai fait. Après environ 30 minutes, l'envie était passé, et je lui ai dit. Elle m'a envoyé sur mon chemin. Ce petit incident me montre une chose très clairement. C'était mes pouvoirs de clairvoyance. Bien que j'ai eu une forte envie de fracasser le visage de quelqu'un, et à ce moment-là, j'ai vraiment eu la force de le faire, une partie de moi savait que à mon cœur, j'étais contre. C'est à ce noyau à laquelle je suis très reconnaissant, je me savais à un niveau très profond, et cette connaissance de soi est une chose utile quand aux prises avec une maladie mentale. Zut, il est utile si vous ne le faites pas.

Mais, l'expérience la plus puissante que j'aurais à Stuy c'était ma première petite amie. Je vais l'appeler "Amour". L'Amour était une fille plus âgée et une jolie chinoise. Nous avons atendus à différentes écoles secondaires. J'ai atendu à une école secondaire qui a été très sélective. Mais elle n'est pas venue. Elle étudiait calcul. Comme moi. Elle ne pouvait pas croire qu'au Stuy nous avions 45 minutes de calcul et étions en avance de sa classe, même s'ils avaient une heure et demie d'enseignement quotidien. Je pensais que j'étais dans l'amour. Elle m'a fait me sentir vivant. Nous avions un jeune romance. Elle aimait quand je l'ai portée jusqu'à un escalier avec un bras. Nous étions employés à la Bibliothèque Mid-Manhattan de la grande ville de New York.

Je me souviens de notre première rencontre amoureuse. Je venais de rencontrer son il ya quelques jours, alors qu'elle travaillait à la Bibliothèque de Mid-Manhattan de New York sur la 40e rue et de la 5ème avenue. Nous prenions le train D ensemble de son quartier de Brooklyn à Brighton Beach. Nous avons eu une bonne conversation, et je me sentais très attiré par elle lors de ce voyage. C'était un jour froid Novembre. Nous avons descendu les escaliers à la haute D train station de Brighton Beach. Nous sommes allés à la promenade, et s'assit à côté de l'autre. Je me souviens qu'elle avait froid, donc j'ai prêté ma manteau de lycée de la Stuyvesant Cycopaths veste, mon manteau d'équipe de vélo. Nous nous sommes blottis ensemble, mais j'étais excité si je n'avais pas froid. Elle m'a posé des questions comme: «Aimez-vous de moi?" Et, il était assez évident qu'elle a fait comme moi. Donc, nous avons passé près de la mer, en écoutant les mouettes et en écoutant le murmure du ressac. Nous avons parlé et collés. Finalement, nous avons commencé à s'embrasser. C'était agréable et nouveau pour moi. Nous avons fini la journée sous la promenade. Chaque fois que j'ecoute la chanson "Sous la Promenade" par le group American The Drifters, je pense de cette mémoire, et je souris. Nous nous rencontrions sous la promenade presque tous les jours jusqu'à l'hiver. Nous étions tellement chaud ainsi que même pendant les froides journées pluvieuses et humides, nous avions hâte d'être ensemble, sous la promenade. Nous l'avons fait, parce qu'elle avait peur de sa maman découvrir qu'elle avait un petit ami. Je respectais ce sentiment, et laisser les choses suivre leur cours.

Je me souviens du premier jour où j'ai été invité à la maison de l'amour. La maison était près de Ocean Avenue, et elle était petite et banale. Je me souviens des chats. Il y avait au moins deux. Les femmes de sa famille étaient folles de chats, je voudrais savoir. Ses chats m'ont aimé. Sa mère ne pouvait pas croire à quel point grand et je-une, j'étais. À l'époque, j'avais 16 ans, et l'Amour avait 21. Quand elle m'a finalement dit que son vrai âge, j'ai la

56

amour pour elle. Je ne m'inquiète pas quel âge elle avait. L'amour avait 2 soeurs et deux cousins. Ils semblaient très unie et heureuse. J'ai voyagé dans le train 2 heures de monter chaque façon d'être avec lui presque tous les jours. Finalement, je voudrais commencer à dormir a leur place à la suggestion de sa mère.

Amour aimait ma force. Pour les 4 derniers mois de lycée, j'ai travaillé à un stage dans un service d'exploitation informatique pour le Département de la Préservation du Logement et du Développement, près de sa école secondaire. On traînait souvent au South Street Seaport, Chinatown, et dans son quartier. C'était le bon temps. Nous avons passé notre temps à la plage de Brighton beaucoup, et c'était une période très romantique de ma vie.

Tout n'était pas parfait. J'ai perdu les amis comme des gens qui sont attachés fréquemment faire. Avec le recul, je regrette que beaucoup de mes bons amis ne sont plus dans ma vie. J'ai eu la conviction qu'aucun de mes amis a beaucoup étudié et que je ne voulais pas cette caractéristique à déteindre plus maintenant que je tentais d'être un homme. Pour moi, il y avait trois choses que je voulais aider à ce moment-là dans ma vie: L'amour, mon éducation et ma famille.

Chapitre 5: Je Donnais le "Old College Try": Université Stonybrook

Mon jeune frère Leaf est un écrivain doué. Il a écrit le poème suivant lequel un message avec que j'etais d'accord dans quand j'étais plus jeune.

L'inégalité de la vie

Si la vérité> une vie de champagne,
alors il est facile de dire que la vie = belle
Si vous pensez que le sexe est une fonction de x,
ou que (argent + Harvard) = succès
alors vous = trompé.
La vie est 10% grand ssi
il existe une femme de telle sorte que
si, pour chaque action,
il ya une réaction égale mais opposée.
La vie est 98% grand ssi
$1 + 3 = 42$ et la vie n'est pas une constante.

Le corps de ce poème met en lumière les choses que la plupart des gens associent avec succès sont des faux rêves. Je pense que cette façon de penser est une marque d'être élevé pauvre mais brillant. Nous n'avons pas eu la BMW quand on est diplômé de l'école secondaire. Nous savions que nous allions gagner tout ce qui pourrait venir à nous. Donc, les choses de la substance ont été appréciées, et les choses matérielles étaient relativement peu importants. Au collège, je pensais qu'il y avait deux choses qui étaient dans ma vie que durerait: mon amour pour ma petite amie, et mon éducation.

Je me souviens de l'été avant que je déménage àu campus de l'Université d'État de New York à Stonybrook. J'avais besoin d'un emploi pour compléter le peu d'argent que mes parents me donnaient pour le collège. Donc, je suis allé à Stonybrook à planifier mes quatre prochaines années. Je marchais autour du campus étendu, l'analyser. Je suis allé à l'Union des étudiants pour voir ce qu'il offre. J'ai pris des notes méticuleuses dans un cahier. Je me promenais dans le bâtiment de l'administration où j'ai trouvé le service des ressources humaines. Il était là, à des ressources humaines que j'ai trouvé que je pouvais obtenir un emploi à temps partiel en tant que travailleur de l'Etat et encore un étudiant à temps plein. Les charpentiers nécessaires trois ans d'expérience. Les ouvriers avaient besoin de permis de conduire. J'avais dix-sept ans, je ne pouvais pas encore conduire. Sur le site d'emploi mon oeil a attrapé "Gardien, temps partiel». Il n'y avait pas d'exigences éducatives. Je devais être capable de soulever des charges légères. Je n'ai pas besoin d'un permis de conduire. Il a payé huit dollars par heure. Sympa! J'ai posé ma candidature pour le poste, et je me suis précipité à la gare. J'ai attrapé le train du retour 16h17.

Trois semaines plus tard, j'ai reçu un coup de téléphone de Stonybrook. Ils ont prévu une entrevue avec moi, et je devais rencontrer le chef du service de conciergerie. J'étais tellement excité! Huit dollars de l'heure! C'était 32$ par jour et 160$ par semaine. Je devais faire ce travail si je pouvais me permettre d'aller à Stonybrook. Je ferais n'importe quoi pour cette chance. Donc, je consegí un costume d'entrevue, et les billets pour le Chemin de Fer du Long Island. Puis, dans e jour de l'entrevue, la pire chose qui pourrait passer, a passé! J'étais en retard à cause d'un retard de train. Alors, j'ai appelé le bureau du chef concierge de leur dire que je serais en retard à l'entrevue, je craingeais le pire. Ils m'ont dit que c'était ok, venir dè plus rapidement que possible. Donc, je me suis mis là-bas, a utilisé une carte pour trouver mon chemin à l'installation physique, la secrétaire du Janitor chef m'a assis et j'ai attendu nerveusement.

"Veniez-vous." J'ai ecouté. Je levai les yeux, et j'ai vu un homme de taille moyenne avec un sourire sur son visage. On m'a mis à l'aise. «J'aime votre costume." Il a déclaré: J'ai souri. "Merci !" Dis-je. Il me jaugeait assez rapidement. Il pouvait savoir que je serais un bon travailleur, et il aimait ma maniere positif. Après avoir parlé quelques minutes, il s'est levé et il a dit: «Vous avez obtenu le poste. Nous voyons comment vous faites. Ma secrétaire vous donnera votre date de commencement. " Je l'ai remercié, et a obtenu la date de début de son secrétaire.

Le soir, avant que je devais commencer à travailler comme un temps propre de la pièce, j'ai pris le dernier train de la gare Penn Station sur la LIRR. J'ai ne pas réussiré une connexion à la station de la Jamacia. C'était mauvais. On m'a dit par les contrôleurs LIRR comment je peux arriver à Stonybrook si je prends un taxi quand j'étais sur Long Island. Donc, je l'ai fait. J'ai monté un train, et puis j'ai utilizé un taxi pour arrive dans le campus de Stonybrook. Je suis arrivé vers 4h du matin, et je devais commencer à travailler à 9h. C'était une bonne chose que je ne devais tuer 5 heures. J'étais là où je devais être à 9h. Le patron était content.

Nous avons pris une camionnette pour le Sud P Parking. Sud P est un terrain de stationnement en loin du campus pour les étudiants de banlieue à Stonybrook. Il y avait beaucoup d'étudiants de banlieue, et il était tres oin du campus. Il était si loin qu'il y avait des bus qui s'est déroulée du Sud P à tous les endroits sur le campus. La journée était ensoleillée et douce. Nuages filait à travers le ciel bleu. Il

60

y avait beaucoup de déchets sur le terre, car il y avait un parc d'attraction temporaire la semaine précédente. Je me souviens d'un jeune Portoricain gars là qui me racontait ses histoires de marijuana. J'ai juste fait mon travail. Il ne semble pas être un mauvais gars, mais je ne voulais rien avoir à faire avec cette histoire de drogue. Mais, la journée se passa rapidement à cause de l'effort physique, et quand nous avons fini de nettoyer le parking, il semblait que le parc d'attractions n'étaient jamais là. Bon boulot.

Donc, j'ai emménagé dans ma résidence universitaire tard dans la journée. J'avais les vêtements sur mon dos, et de 2,50 $ dans ma poche. Je me souviens de la sensation de faim à l'heure du dîner, et je l'ai rappelé il y avait un 7-Eleven proche du campus. J'ai marché a la 7-Eleven avec l'odeur du dortoir encore dans mes narines. Alors quand que je marchais à l'7-11 J'ai vécu une odeur que vous ne recevez pas dans la grande ville de New York. L'air frais et une nuit sombre de Long Island. C'était mieux que l'air dans Central Park. Je suis entré dans le 7-Eleven, et j'ai été agressé par les lumières fluorescentes vives. Je me suis promené dans le magasin. Je me souviens des hot-dogs avait l'air bien, mais je n'ai pas assez d'argent. Alors, j'ai acheté un pot de salsa Tostitos. Salsa pour le dîner. Ce n'était pas ce que je voulais, mais c'était le dîner. Je suis retourné à ma chambre, et j'ai bu la salsa froid du bocal. Le problème était que j'avais encore faim. Mais, je ne pouvais pas manger jusqu'à demain, lorsque les services de restauration ouverts. Donc, je suis allé dormir faim. Ainsi se termine ma première grande journée à Stonybrook.

La univerisité devrait une période de croissance. J'ai gardé cela à l'esprit au cours d'une classe appelée COR 101. Il a enseigné la littérature du Canon. Qu'est-ce que est le Canon? Le Canon est la somme totale des grands livres de la civilisation occidentale. C'est dans cette classe que j'ai été présenté à Homère et l'Odyssée, l'Enfer de Dante, Aneid de Virgile, l'Utopia de Sir Thomas Moore, et beaucoup d'autres livres. Cette classe a allumé un feu en moi de lire la grande littérature de la civilisation occidentale. Je me souviens de notre professeur. iI était un, âgé, sage homme caucasien. Il avait beaucoup d'énergie. Il fasait son doctorat en histoire de l'Université Harvard, par conséquent, il mettait en contexte ces grandes œuvres de la littérature avec belle attention et le contexte historique d'une manière un professeur de littérature ne pouvait pas.

Les deux années de ma vie à Stonybrook avant ma première hospitalisation comprenaient des travaux universitaires, de manger, de tutorat et d'étudier avec l'Amour, faire la travail de concierge, et pas vraiment quelque chose autre.

J'ai eu si peu d'argent que je ne pouvais pas acheter un Coke pour profiter au cours de mes longues nuits de travail. Et, quand mes camarades de classe se moquaient un petit trou dans une chaussette que je portais à une class de course à pied, j'ai acheté des chaussettes neuves à contrecœur parce que je n'aimais pas qu'on se moque, parce que je ne pouvais pas les payer. À la fin de deuxième année, j'étais en senior debout, j'avais pris quelques-uns des classes les plus difficiles dans l'université, et j'avais l'intention de prendre une charge de crédit 23 du prochain semestre qui était lourd de mathématiques avancées, les sciences et l'anglais avancés. J'étais membre de 2 sociétés d'honneur: Sigma Beta et Golden Key. Les choses semblaient bien pour moi. Puis, un jour, tout s'est défait.

Chapitre 6: Le Temps Dificiles dans Stonybrook

J'ai rencontré un jeune homme dans la classe 101 COR, peut-être nous pouvions dire que son nom était Ganesh.
Il était grec, et nous avons apprécié de parler des grands questions de nos jeunes vies: filles, Dieu, et l'avidité. Nous étions bons amis. Je me souviens de parler de devoirs de classe avec lui et c'était toujours intéressant d'entendre son point de vue. Nous étions en désaccord fréquemment, mais nous n'avons jamais vraiment combattu. Cela faisait partie de l'amitié-les désaccords amicaux.

Je me souviens qu'une fois que nous marchions autour du campus, et nous avons discuté de Dieu. J'ai parlé les points négatifs standards comme il semble que la plupart des gens qui sont religieux sont endoctrinés, il est impossible de prouver ou de réfuter l'existence de Dieu, et les choses négatives qui deviennent des guerres de religion comme les Croisades et l'Inquisition espagnole. J'ai dit que c'étaient juste quelques choses qui le monde ont été faites en son nom. Alex m'a regardé. Il a ensuite commencé à parler de la structure des choses. Il a dit que si Dieu n'existait pas, comment pourrait-il y avoir un ordre dans le monde? Comment pourrait-il y avoir ordre sur une échelle micro ou macro? Je lui ai dit, il y a juste. Je me souviens que nous avions ce désaccord quelques temps. Parfois, nous avions d'autres personnes se joignent aux débats. C'était toujours amusant d'essayer de voir les choses à travers les yeux de mon ami. Et, je pense qu'il aimait voir les choses à travers la mienne. Nous aimons généralement manger ensemble quand nous le pouvions. Nous aimerions discuter buvions des cristal Pepsi. C'était toujours bon d'être avec ce mec. Il était bonne compagnie.

J'ai vécu dans les G et H Quads pendant quelques semaines. Ils étaient les dortoirs pour, principalement, les étudiants de première anné. Je détestais cet place. Une nuit,

après je suis rentré du travail à 1h du matin, il ya des im-
béciles ont tiré l'alarme incendie cinq fois. Je résolus d'en
sortir. Donc, j'ai planné mouver au Kelly Quad. Je voulais
vivre avec les élève de troisième année parce que je pensais
qu'ils seraient plus sérieux estudier. La différence entre les
les étudiants de première anné et les les étudiants de troise-
me anné s'est avéré être six d'un côté et une demi-douzaine
de l'autre. Je me souviens des comedians avec quien j'viví,
en Kelly Quad. Ils étaient un fête au moins une fois par
semaine, et ils ne semblent pas être trop sérieux au sujet de
quoi que ce soit. Il était difficile de vivre avec eux, d'autant
qu'ils ont vu leur devoir de jouer avec moi de temps en
temps. Il a été difficile d'être un jeune étudiant motivé dans
un endroit rempli de comedians.

Je travaillais dans l'edifice du Sciences Sociales et Com-
portementales comme gardien entre 23 heures jusque 03:00
heures. J'ai travaillé à temps parcial de dimanche au jeudi.
Je me souviens de ma première nuit au travail. C'était dur.
Le superviseur était une cool, court, dame d'âge moyen, et
elle m'a montré ma région et me dit ce que je devais faire.
Je me souviens que c'était très sombre de la première nuit.
Le vent soufflait à l'extérieur du bâtiment, et les ascenseurs
a agi comme s'il y avait des fantômes qui les utilisent.
Imaginez: deux heures du matin, les portes des ascenseurs
s'ouvrent et se ferment comme s'il y avait des gens qui les
utilisent quand il n'y avait personne. C'était étrange, surtout quand je ne connaissais personne d'autre était dans le
bâtiment, et il était très tard. Ainsi, lorsque sont arrivés trois
heures, j'ai quitté rapidement. Je n'ai voudrais pas passer
plus de temps dans ce bâtiment que nécessaire. Je me suis
habitué à la routine dur, et je serais toujours revenir à ma
chambre le plus rapidement possible de dormir.

J'ai pris 12 crédits ce premier semestre: physique, calcul
pour les ingénieurs, COR 101 où nous lisions le "Canon"
ou de grands livres de la littérature occidentale, et une

classe de jogging. Parce que je ne prenais 12 crédits, j'ai eu un peu de temps libre à lire des choses que j'ai aimées. J'ai lu des livres sur les troubadours du Moyen Age de l'Europe, et bien d'autres choses. J'ai rejoint une classe de karaté, et j'ai eu un semestre détendue. Je me souviens d'avoir des livres en dehors des dortoirs et la lecture sur l'herbe dans la chaleur du soleil. C'était tellement agréable. Ce sont de très grands jours. Le doux soleil, la brise tiède, et l'apprentissage qui se tramait sont une excellente combinaison. J'ai aimé ces années de collège.

Je me souviens que je voulais obtenir quelques personnes pour former un groupe d'étude pour le calcul pendant le début de ce semestre parce que je ne voulais pas prendre le risque d'une mauvaise note. Ainsi, après le premier cours, j'ai distribué des tracts disant: si vous souhaitez rejoindre un groupe d'étude, parler avec moi. Je n'ai pas eu de réponse, à l'exception de celui de haut, rousse sculpturale. Elle m'a dit qu'elle avait étudier n'importe quoi, n'importe quand, et n'importe où, avec moi. J'ai été choqué, parce que je n'ai jamais eu un moment facile flirter avec une fille, surtout quand ce n'était pas mon intention. J'ai souri et je lui ai parlé un peu, je lui ai dit que j'avais une petite amie et merci mais non merci. Je l'ai vu sur le campus de temps en temps, mais je n'ai rien fait avec elle. Je me considérais pris parce que j'avais l'amour de ma vie.

J'ai étudié presque tous les jours à la bibliothèque Melville Frank avec Amour. Je l'ai trouvé facile de se concentrer dans un décor de bibliothèque que dans ma résidence universitaire. J'ai aussi aimé l'atmosphère de la communauté d'étudier à la bibliothèque. Je serait généralement à la bibliothèque quand je n'étais pas à mon dortoir dormir. La seule autre exception serait quand je suis allé dans les salles de repas pour manger.

Quand je suis arrivé sur le campus, je me souviens des gens se plaindre à quel point la cuisine était dans les salles de repas. Je n'étais pas d'accord avec eux en silence parce que d'où je viens, le thon de la gelée de poisson de maman était vraiment pire que tout de la nourriture de la cafétéria qui nous a servi à Stonybrook. Ces personnes provenaient d'un monde différent de celui que j'étais à bien des égards. J'ai mangé la dinde cuit, sans sel, presque tous les jours pendant 10 ans. Dans ma maison, si nous n'avons pas mangé de la nourriture, nous avons faim. Il était beaucoup plus agréable d'avoir de la nourriture à Stonybrook. La nourriture avait du goût, au moins.

Je ne sais pas pourquoi j'ai fait des choses quand j'étais plus jeune. Il y avait ce moment où j'ai rencontré un gars qui semblait être un vrai fou, à la cafétéria. Je me souviens d'amour était là tout comme les 2 ou 3 autres personnes, que je connaissais déjà. Je n'ai pas toujours été un gars sympa. Alors, j'ai décidé de jouer un tour sur lui. Dans la conversation, il m'a demandé ce que je faisais mes études. Je lui ai dit que j'étais un neurochirurgien. Il l'a cru totalment. J'avais dix-sept ans. Nous avons eu une discussion sur la complexité du cerveau humain, et à la fin de la conversation, je n'avais toujours lui laisser berner. C'était drôle de voir son expression quand il a pensé un neurochirurgien mangeait à la même table que lui. J'étais comme un dieu. Ce n'était pas gentil de ma part, et je n'ai pas rencontré ce gars quelque fois plus tard. Je lui ai dit la vérité,finalmente. Il n'a jamais en colère d'être trompés.

J'ai fait bien cette semestre. J'ai eu un "A" dans le calcul. J'ai eu un B+ en physique. J'aurais obtenu un A en physique mais mes exposés de laboratoire étaient en désordre. À ce jour, mon frère Chung caractérise mon écriture comme «déambulation épileptique du poulet». Le professeur de physique était un bonhomme. Il a vu que j'étais un jeune homme travaillant dur, et que j'ai eu une bonne question sur les finales concernant la dynamique des fluides que personne d'autre n'avait obtenu correct, et j'ai eu la moyenne la plus élevée dans la classe, y compris un score parfait. Il m'a même dit qu'il aimerait un gars comme moi en sa laboratorie. Peut-être il a fait une allusion à moi, mais je n'envisageais pas de faire carrière en comme physicien. C'était dur à ganger un B+ quand je suis arrivé ces notes élevées aux examens de cette catégorie. Mais, eh bien, c'est la vie! J'ai reçu un B+ dans COR 101 et c'était surtout parce que de mon style d'écriture a été confus . J'ai compris et retenu les textes probablement assez bien comme tout let monde, mais je n'ai jamais écrit bien. Ces jours-ci, je pense que ma façon confuse de l'écriture est et a toujours été en raison d'un trouble cérébral.

La classe du jogging a été appelé "jogging basique", mais vous sauriez jamais ca pour la façon dont les gars de la classe ont participé. Peu de temps après le début du cours, nous courions, formant une ligne, et nous aimerions nous relayons la tête du groupe. C'était un peu comme un peloton de vélos de course, sauf que c'était juste coureurs. Nous sommes tous poussés les uns les autres pour aller plus vite, et il n'y avait pas de place pour la faiblesse de montrer. Nous courions partout dans le campus et a l'exterieur de campus. Nous avions courri jusqu'à 5 miles chaque jour. J'ai été en moyenne 11 km par heure pour huit kilometeres. Donc, je suis été competitíf. Je courrissais avec les autres gars. Parfois, cependant, je serais laissé tomber à cause de crampes d'estomac. Courir assez vite que j'été causé mon estomac vraiment noué . C'était comme si quelqu'un coupe mon ventre avec un couteau. Donc, c'est tout. Il y avait un asiatique qui était dans la classe, et il avait une forte coureur, et je l'ai vu en la gym tout le temps. Nous généralement courions les 200 derniers mètres à la «ligne d'arrivée» près de la salle de gym. Nous avons fait la course juste pour faire les choses plus intéressantes. Le gars chinoise a gangé le sprint d'un bon nombre de fois. Mais, j'ai eu une victoire aussi.

Une fois, nous courions autour de Cedar Road, en dehors du campus, et les gars semblait aller un peu plus lent que d'habitude. Donc, je me suis dit que j'avais causé des problèmes pour eux. J'ai augmenté mon rythme un peu, et j'ai continué jogging vite. Ils n'ont pas me capturaient. Alors, j'ai continué. 1 minute transformé en 2, en 5, en 10 minutes. Et, j'ai regardé par-dessus mon épaule, et j'ai été surpris que je ne les vois pas. Enfin, je l'ai arrivé à la gare LIRR, seul. J'ai eu une de ces crampes de couteau dans mon estomac, une mauvaise crampe. Donc, je marchais lentement pendant 2 minutes. J'étais toujours dans la douleur, mais c'était une chance de gagner la course de la journée. J'ai fait du jogging lentement devant la gare, et continuais n'importe la douleur, en la direction du campus. Quand j'avais proche de 100 mètres en l'interieur du campus, j'ai vu les autres gars de course jogging à un rythme féroce, donc j'ai augmenté mon rythme aussi. Le gars asiatique avec les énormes mollets les conduire. J'étais à 200 mètres de la ligne d'arrivée quand j'ai ecouté ses pieds frappant sur le trottoir. Je l'ai perdu, et j'ai couru aussi vite que j'ai pu. Après un effort personnel monumental, j'ai gagné la course ce jour-là, et j'étais dans la douleur. C'était une bonne douleur. Un des gars m'a dit que son point de vue quant à ce qui s'est passé. "Vous avez courí en avant sur une colline, et nous avons pensé que nous vous attrapons bientôt, mais vous n'étiez pas là. Bonne course, mec! " Le gars asiatique me félicite également. C'était un grand jour.

Après la prise de cette classe, j'ai couru partout sur le campus juste pour garder la forme. Il m'a fallu 3 minutes pour courir de mon travail à mon dortoir qui était probablement 1.2 kilometres. Je me souviens de deux situations où mon frère Leaf venu sur le campus, et j'ai utilisé la "vitesse". Une fois, il a voulu prendre le 4h15 de train retour à New York City. Nous avons ecoutí le sifflet du train, et nous étions proche d'un kilometre loin de la gare. Il était impossible pour lui de montrer le train si nous ne courons. Alors, j'ai crié à lui, "courir!" J'ai attrapé son sac de quarante livres, et j'ai couru dur. Il ne pouvait pas croire à quelle vitesse je suis parce que je suis arrivé à la manière du train avant lui, malgré le poids du sac. Mon frère Leaf a toujours été un gars fort aussi. Il y avait un autre moment où il ne pouvait pas me rattraper dans un petit chambre du 6 mètres par 12 mètres. J'étais incrédule. Dans cette salle très petit, comment pourrais-je échapper à ce mec. Leaf n'a pas tardé.

L'Amour et moi étudions ensemble toujours. Nous étions inséparables. Nous allions à la bibliothèque la plupart du temps à étudier. Bien que je l'aimais, elle était une taxe sur mon esprit. Un jour, j'ai eu trop. Nous avons eu une relation difficile, et je voulais sortir. Alors, je lui ai dit que, "Je suis vous quitter". Elle a pleuré, et a couru sous la pluie vers une zone de construction sur le campus. Elle agissait hystérique, et j'ai pensé qu'elle pourrait elle-même, la façon dont elle agissait mal. Je pensais que je ne pouvais pas la laisser se blesser. Alors, j'ai couru après elle. Pour faire une longue histoire courte, nous nous n'avons pas rompé parce qu'elle a dit qu'elle ne pouvait pas vivre sans moi. Nous sommes retournés à étudier ensemble, et la vie a continué dans sa manière imparfaite.

Ce semestre, j'ai fait bien. J'ai eu un A en calcul, B + dans COR 101, B + en Physique, et un A dans la course. J'ai eu une moyenne 3,63, et cela m'a qualifié pour le Sigma Beta Honor Society. C'était une société d'honneur sur le campus. Maman, papa, Justice, and Leaf est venu rendre visite à célébrer. Je me souviens d'être heureux de les voir. Nous sommes allés dans un restaurant chinois à proximité du campus. C'était la fast food. Tout a été bon parce que ce n'était pas tous les jours que je pourrais manger ce genre de nourriture. Mon jeune frère Justice était là, et il a jeté une pierre à l'amour, et il éclaté la lèvre. J'étais furieux, mais vous ne pouvez pas battre un enfant qui n'est que de deux ans. Il a été bon chance, parce que il était si jeune. Le punk. La fête était finie trop vite, et j'ai dû me remettre au travail.

J'avais un bon emploi comme concierge, ma mère m'a dit, et j'ai donc dû s'accrocher, même pendant l'hiver quand il n'y avait personne autour. J'ai loué une chambre près du campus de l'hiver afin que je puisse garder mon emploi. Il était de dix kilomètre du campus, et je commuée avec un vélo Géant de la montagne de la marque. La chambre était un petit chambre qui était dans le sous-sol arrière d'une petite maison. La petite maison était indéfinissable. J'ai payé 400 $ par mois pour le loyer pour une chambre au sous-sol, et il a été l'un des moments les plus ennuyeux et dangereux de ma vie. Je détestais aller-retour au travail tard dans la nuit à vélo. Les routes de Long Island sont vraiment effrayant dans la nuit sombre. Ai-je mentionné qu'il était dangereux aussi? Je ne sais pas qu'est-ce que j'aurais fait si j'avais eu un pneu crevé . Oui, il y avait ça. Je n'avais pas de lumière à vélo par la plupart du voyage, à l'exception de la lune et les étoiles. Heureusement, je pouvais voir assez bien à la illumination de la étoile. La seule fois où j'ai eu une bonne vue de mon entourage sur la route, c'est quand une voiture rare me passer. Ils ont dû penser que j'étais fou d'être sur les routes gelee dans le fort froid de l'hiver, tard dans la nuit. Ils auraient raison. En regardant en arrière à ce moment, je me demande pourquoi papa et maman n'ont pas juste me dire d'oublier le travail de huit heures par heure que j'avais fait aucun travail qui paye si peu est la peine de risquer votre vie chaque nuit. L'armée est plus sûr, en général.

Peut-être que mes parents ne me conseiller bien pour la même raison ils m'ont fait aller à l'école maternelle via le système de bus Manhattan seul quand j'étais cinq annes. Non, pas le système de bus de l'école. Cela aurait été trop beau. Le système de transport public. Au début des années 80. Je suppose que quand j'étais plus jeune, je me sentais invulnérable. Hé, je suis un grand garçon à cinq ans. Bien sûr, je serais un homme de dix-huit ans, un vrai homme, un érudit et un athlète.

J'ai pu faire l'aller-retour de 20 kilomètres en moins d'une heure la plupart du temps. Le vélo était assez fiables et bien construits, sauf une fois quand j'étais à l'épicerie, j'ai poussé vers le bas sur une des pédales dures parce que je devais traverser une grande route pour se rendre au supermarché, et la pédale a cassé. Il était plastique. Donc, je pense que la combinaison du froid, la force de la poussée, et peut-être un défaut de fabrication qui m'a fait tomber sur la route. Je me souviens distinctement que je portais un manteau bleu de cuir, un pull et un casque. Donc, je tombai à l'asphalte et me levai rapidement. Alors qui dégringole, une voiture est venue dans les trois pieds de ma tête. Si j'avais atterri différemment, je ne serais pas ici raconter mon histoire. Donc, comme je l'ai dit, je me levai rapidement, et je pédalé à travers le reste de la route comme si ma vie en dépendait, parce qu'il a fait.

Une nuit, proche de deux heures du matin, au travail à l'édifice des Sciences Sociales et Comportementales, j'ai été drainé. Je ne pouvais pas faire face à la longue promenade à vélo dans la nuit. Donc, j'ai appelé une personne dans l'église unitarienne de l'universalisme qui était à proximité du campus. Je ne sais pas exactement pourquoi je l'ai téléphoné. Mais, il m'a dit qu'il avait de bonnes nouvelles, que je n'aie pas eu à la maison du vélo cette nuit. Il aurait pu me trouver une chambre sur le campus ce soir. J'étais folle de joie! Il m'a dit d'aller à Kelly Quad après le travail, dans une résidence particulière et il y aurait un mec qui pourrait me permettre de rester avec lui. Ainsi, après une longue nuit de travail, j'ai fait du vélo sur l'emplacement que je devais aller, et j'ai composé le numéro du gars. Il est venu, a vu que j'étais toute mouillée de la précipitation dans la nuit, et me fit signe de venir.

Je ne me souviens pas le nom du gars. Je ne me souviens qu'il m'a aidé à sécher mes chaussures mouillées dans un séchoir automatique. Il m'a aidé à sécher mes vêtements aussi. J'étais heureux pour un peu. Nous avions des conversations au hasard dans sa chambre, et j'étais au milieu de le remercier, quand mes yeux se posèrent sur une vidéo qu'il avait dans sa chambre. Quelque chose au sujet marins homosexuels, je pense que c'était. J'ai dit quelque chose à l'effet de: «Cela ressemble à un film gay vraiment foutu. Pourquoi avez-vous ce film? " Et, j'ai ri. Il ne riait pas. Avec un visage grave, il m'a regardé et m'a dit: «Je suis gay." J'ai été choqué que toute personne décente pourrait être gay. C'était une première pour moi. J'étais jeune et homophobe, mais il était trop tard pour rentrer à la maison à vélo. Donc, je suis resté. Il était difficile de trouver le sommeil cette nuit-là, et je me suis réveillé tôt après un sommeil agité. En regardant la situation, je sais que il était la première personne que j'ai rencontré qui était homosexuel que je considère être une «bonne personne». J'espère que ce gars-là où il est peut pardonner le dénigrement Je lui ai donné involontairement. Il ne méritait pas ça. Il essayait juste d'aider un compagnon de voyage.

Ce matin, je me suis réveillé tôt, et j'ai laissé sa place tranquillement avec mon vélo. J'étais calme, donc je ne serais pas le réveiller. Je fermai la porte derrière moi silencieusement. Puis, je me promenais dans un couloir court, et dans l'air froid d'hiver. Il avait de la neige et de la glace sur la terre. La niege était sale blanc et gris. J'ai sauté sur mon vélo soulagé d'être sous mon propre pouvoir autrefois. Je bicyclette dix kilomètres "à la maison".

Le moment le plus inconfortable que j'avais sur Long Island cette hiver a été le jour où j'ai bicyclette à un optométriste proche à Smithtown de Port Jeff. Ce fut un long voyage dans le gel, la pluie d'hiver. Je n'avais pas d'argent pour un imperméable qui fonctionnerait sur un vélo, si j'avais façonné une de sacs poubelles. Je suis arrivé à l'optométriste ok. Mais, après que je suis remonté sur le vélo. Mon imperméable improvisé ne fonctionnait plus comme un imperméable devriat. Donc, je bicyclette à la gare la plus proche. Smithtown. Au moment quand je suis arrivé au restaurant à Smithtown, je tremblais incontrôlable. La serveuse était concerné. Elle m'a apporté une tasse de chocolat chaud. Après environ dix minutes boire cacao chaud et de l'air chaud dans le restaurant, je me sentais un peu mieux. J'ai été mouillé et froide, mais je n'étais pas frissonner. Je suis retourné dans le froid pour prendre le train de retour à Stonybrook, et je me a dit je ne peux pas vivre autrefois en Long Island pendant l'hiver sans voiture. Maintenant, je pense d'hiver comme la mort. Malheureusement, après cet hiver, je pensais que l'hiver n'est plus soulement la saison de ma naissance, mais comme la saison de la mort.

Une journée typique de travail comme un concierge de temps partiel sur le campus de Stonybrook durant l'hiver, il faut nettoyer beaucoup de salles de classe. Il faut beaucoup d'efforts pour rendre ces bâtiments universitaires semblent bonnes. Ce n'est pas une tâche facile. Cet hiver, j'ai mis trois couches de cire sur chaque étage de la salle de classe au troisième étage de l'immeuble de les Humanités . Ils étaient beaux. Comme verre. C'était mon travail, et j'ai fait un bon travail. Les étudiants seraient de retour bientôt. Et, je me souviens de deux jours après le début du semestre, les planchers luisants des salles de classe avaient perdu leur éclat. Sel et l'eau de les bottes à la lueur d'un parquet ciré rapidement.

J'ai perdu contact avec mon ami grec depuis le semestre. Je suppose que c'est parce que je n'ai pas lui telefoné, ni il a moi. J'avais l'habitude de laisser les bons vont à ce point dans ma vie. Les seules personnes qui importaient du tout à moi étaient Amour et ma famille. J'avais ce rêve que je veux sauver ma famille avec mon travail. Je serais capable de gagner assez d'argent pour les faire sortir de leur quartier de ghetto où il y avait beaucoup d'activité de la drogue et des coups de feu presque chaque nuit. J'ai rêvé que je pouvais amener dans un monde plus sûr celui où ils seraient heureux et en bonne santé. Je n'avais pas encore appris que j'ai besoin de prendre soin de moi avant que je puisse prendre soin des autres. Cette prise de conscience est venue beaucoup plus tard dans ma vie. À l'époque, j'étais tout d'être bon pour les autres. Je viens de réaliser que quelque part au milieu est la vie équilibrée. Je suppose que le semestre Je laisse aller mon ami grec était le semestre tout commencer a été en descente. J'ai pris une grande charge de crédit semestre qui consistait surtout en mathématiques et en sciences. J'avais 18 ans en estudiais 20 crédits.

J'ai travaillé trop dur ce semestre. Je n'ai pas eu le temps pour autre chose que manger, dormir, étudier, travailler, aller à la salle de bain, et un peu de «temps de qualité» avec ma copine. J'ai dominé quelques classes. D'autres, pas beaucoup. Je me souviens, menant à la semaine de finales, que j'ai eu trois papiers à écrire et à trois examens pour étudier dans les trois jours que venait. Je n'avais aucune idée de comment j'allais faire pour finir que la charge de travail, mais je l'ai fait, et je l'ai fait bien. Je suis resté éveillé trois jours et nuits en estudiant pour une final d'algèbre linéaire. J'ai fini ce classe avec un C +. Je n'allais pas me plaindre de la faible note, parce que se plaindre c'était pour les faibles. Je venais dois faire un autre A est pour compenser. J'ai tout de A et A-'s ce semestre à l'exception de la classe de calcul et la classe d'algèbre linéaire.

Rétrospectivement, il est clair que j'ai eu mes premiers symptômes d'une probleme nerveuse peu de temps après la fin du semestre. Il est bien connu que le stress peut aggraver et causer des problèmes de santé mentale. J'avais beaucoup de stress cette semestre. En rétrospective, il est logique que j'ai eu des symptômes parce que j'ai eu la probabilite génétique à un problème de santé mentale. J'étais seul dans une des salles à manger, pendant la pause estivale. J'ai été assez pauvre comme d'habitude, et j'ai vu un sandwich sur le sol non gardé. J'ai décidé de le manger. J'avais faim et étais pauvre. Je l'ai obtení et mangé rapidement. Puis, j'ai commencé à me sentir malade, et j'ai eu des douleurs d'estomac. Je pensais que le sandwich a été empoisonné. J'ai couru à l'hôpital de l'Université de Stonybrook. Ils m'ont gardé en observation pendant 2 heures, puis me déchargées. Il n'y avait pas de poison. Les symptômes étaient dans ma tête. Mais il semblait comme réalité ! Le reste de l'été passa vite, et j'ai pris mes quatre classes d'arts libéraux. Génial! Puis, l'année suivante était flou, j'eusse estudié mathématiques appliquées avancé et des cours d'informatique de première année. J'ai fait mieux avec les mathématiques appliquées, tout A. Et, avec l'informatique, j'ai fait ok. Je l'ai assez bien pour continuer en le sujet de science des ordinateurs. J'avais l'intention de continuer. L'été suivant, j'ai pris un autre quatre classes d'arts libéraux. Ensuite, j'ai été préparais pour mon premier semestre de troisième année, après seulement deux années d'études en la université! J'avais dix-neuf ans, un étudiant de troisième année, et l'aimer.

Je me préparais pour mon semestre prochain. Les trois classes que j'ai complété en un mois étaient encore nouveau dans mon esprit, et c'était une belle journée. Je suis passé devant les jardins en face de la Bibliothèque à l'immeuble de l'Administration pour vérifier quelque chose important. Je voulais être financièrement indépendant de mes parents, car il serait alors plus facile de payer pour le collège, et j'ai pu avoir un peu de temps pour moi-même de temps en temps, et je pouvais dormir plus de cinq heures par jour. Je m'attendais à de bonnes nouvelles ce jour-là. Quand on m'a dit que rien n'avait changé en ce qui concerne ma situation financière, j'ai été dévasté parce que je savais que je travaillais vraiment dur, et je ne recevais pas d'aide financière adéquate. Je pense que la déception a été la probleme que m'a fait fou. Le stress de l'argent, c'était trop. Donc, j'ai eu ma première pensée paranoïaque à ce moment. Je pensais que le gouvernement pensait que j'essayais de voler de eux. Alors, j'ai erré autour du campus, en passant par les mouvements de ma vie normale, mais j'ai eu beaucoup de pensées paranoïaques à l'esprit.

Bientôt, je suis allé dans une voiture avec quelques connaissances de la mienne, et j'ai eu la «réalisation» qu'ils étaient des gangsters qui faisaient partie du complot gouvernemental contre moi. Je leur ai fait pour me conduire à l'hôpital parce que je pensais que ce serait un endroit sûr. J'ai été très chanceux d'avoir été amené à l'hôpital à ce moment-là parce que dans quelques heures, je serais tellement psychotique je pensais que j'étais une incarnation de Jésus-Christ. La première partie de ce livre décrit une partie de ce qui se passait dans ma tête pendant ma première hospitalisation. C'était un véritable enfer.

Chapitre 7: Volver a Bedlam
Hôpital Université de Stonybrook

J'étais maintenant partageant une chambre avec un inconnu. Une âme perdue probablement. Je voulais rien de sa puissance infernale en moi. Je voulais rester comme spirituellement nettoyer que je pouvais. Finalement, j'ai commencé à sentir des choses qui se passaient, les activités qui se déroulaient à l'extérieur de la paroisse. J'ai commencé à aller à des groupes. La chose étrange, c'est que chaque fois que je suis allé dans une salon avec ce qui ressemblait à un conduit de ventilation, j'ai senti des vibrations physiques émanant de la conduite qui m'a fait très mal à l'aise. Les vibrations étaient comme un haut-parleur de un concert de rock énorme que a été silencieux, mais on pouvait sentir son pouvoir. Donc, je me suis occupé que la torture, à peu près 24/7 alors que j'étais à l'hôpital. Il était difficile de se concentrer à cause de l'inconfort physique.

L'Amour m'a rendu visite presque chaque jour. Elle a été ma bouée de sauvetage. Elle chantait pour moi, et elle me réconforter. Je savais que je lui demanderais de m'épouser quand je suis sorti de cet enfer. C'est, je me suis dit, si je survis à l'expérience. Elle était toujours aussi jolie et petite. Elle m'a donné l'espoir.

Ensuite, je me souviens d'une fois ma mère et mon petit frère Justice m'avez visité. Mon médecin m'a dit de rester dans mon lit. Donc, j'ai resté là comme les feuilles ont été faites de colle. Ma mère et Justice sont venus quelques minutes plus tard. Maman m'a dit: vous regardez comme vous pourriez utiliser un peu d'exercice. J'ai dit: «Oui, c'est vrai." Ainsi, elle a indiqué que nous devrions courir tours autour de mon lit d'hôpital. Je me suis dit, c'est fou, mais, nous l'avons fait. Une infirmière est venue dans la chambre, et je lui ai demandé: «Avez-vous vu quelque chose d'étrange à faire des tours autour d'une civière?" Elle a dit: "Non" Donc, je me sentais encore plus étrange. Justice a habillé tous dans une combinaison rouge, il était rouge comme le diable. Et, il était assez bruyant. Je me souviens avoir donné cet enfant monte sur mon vélo quand il était petit, et maintenant, il était plus grand et plus fort. Je voudrais pouvoir dire que c'était bon de les voir. Mais ce n'est pas le cas. Les deux personnes qui m'ont donné le plus confort étaient mon frère Leaf et mon Amour. Un point c'est tout!

Amour venait m'apprendre chansons pour égayer ma journée.

Mayo T'ien ni yo ja
Mayo Ja ni yo ni
Mayo ni ni yo woa

La traduction de cette poeme est:

Sans ciel il n'y aurait pas la Terre
Sans terre il n'y aurait pas vous.
Sans vous il n'y aurait pas de moi.

La chanson était très romantique et réconfortant. Je me souviens de cette chanson à ce jour, et je me souviens de la façon dont l'amour m'a fait sentir. A ce jour, j'ai des rêves sur cette sujet. Il est difficile d'oublier votre premier amour parfois. Elle m'a apporté de la nourriture, des sourires, et l'espoir toujours.

Je me souviens aussi d'une fois où Leaf venu me rendre visite pour la première fois. Il a dit plus tard que quand je lui ai parlé, je sonne comme si je devais réciter des poèmes.

Je pensais que c'était bizarre. Mais, en regardant en arrière à elle. C'est comme un compliment. J'étais malade comme malade pourrait être, mais je sonnais comme je récitais la poésie. Je pense que c'est une belle façon d'être malade si vous allez être. Leaf ne pouvait pas venir et de rester trop. Il était très occupé à l'école secondaire tirant notes phénoménales. Il a dû s'en tenir à son calendrier, mais il a fait prendre du temps pour moi. Il a toujours été un bon frère pour moi.

Je me souviens aussi d'un poème et l'image que l'amour porté pour moi. Nous étions profondément amoureux pendant un certain temps, de sorte qu'il prendrait son temps à me quitter. L'image et le poème reflète cela. Je me souviens l'image est d'un arbre et une fleur. J'étais l'arbre, et elle était la fleur. Le poème est comme ca:

L'arbre et la fleur
Le grand arbre protégé la petite fleur,
Ainsi, la fleur pourrait s'épanouir et devenir plus luxueux
Même si la fleur est cueilli
Sa racine restera pour toujours. toujours.
Ces petits gestes par amour signifiait beaucoup pour moi.
Nous avons chanté "notre chanson" ensemble quelques
jours. Nous l'avons ecouté de la bande originale de Robin
Hood. C'était la chanson "Everything I Do" par Byan
Adams. Fondamentalement, nous avons accroché sur le
"Tout ce que je fais - je le fais pour vous" pensé. C'était
bon d'être aimé à cette partie la plus difficile de ma vie.

Les semaines passèrent. J'ai été autorisé à sortir de l'hôpital sur une passe avec amour. Elle m'a consolé, cuit pour moi, et il a passé du temps de qualité avec moi. C'était vraiment doux comme elle me traitait si bien. Puis, trop vite, j'ai dû revenir à l'hôpital. J'avais réussi, sorti de l'hôpital pour mon premier passage, et dans mes tripes, je savais fois plus suivraient.

Donc, pour revenir à l'hôpital, j'ai remarqué que je me sentais pire. Je commençais à avoir une petite idée que quelque chose n'allait pas bon avec ma cerveau. Sur le passage suivant de l'hôpital, j'ai commencé à élaborer des idées.

Je me souviens que je traînais à l'Union des étudiants, et il y avait des gens dans toutes les différentes couleurs en marchant. Je me souviens avoir suivi tous et de porter des jugements sur eux basés sur les couleurs qu'ils portaient. Si j'ai vu quelqu'un portant du rouge, ils étaient du diable. S'ils portaient jaune, ils étaient dangereux et affiliés avec le chaos. S'ils portaient des bleus ou verts, ils étaient des gens honnêtes, pas à craindre. Ensuite, j'ai vu un ancien professeur mien, portant tennis orange et fluorescent. Je savais que cet homme est un homme bon. Je n'avais aucune idée de ce signifiaient l'orange fluorescent. C'était étrange. Je ne pouvais pas comprendre ce que signifiait cette couleur.
J'ai commencé les cinq kilomètres pour revenir à pied à l'hôpital. La pluie crépitant lourdement sur les marches en béton du Bâtiment des Sciences de la Vie. Je me souviens avoir pensé "La pluie est dans le complot. Je le sais. " Alors à ce moment, un déclic dans mon esprit. La pluie pouvait pas être sur n'importe quelle sorte de conspiration. C'est pluie. Qu'est-ce que puis-je être pensé? C'était mon premier bit solide de perspicacité. C'était bien d'avoir parce que je vais maintenant être en mesure de control. Je pourrais apprendre à réfléchir autour de cette maladie dans une certaine temps.

Chapitre 8: Être condamné à être libre

J'ai appris que l'amour me tricher après je suis sorti de
l'hôpital. J'ai été triste. Cependant, leur aventure n'a pas
duré, et l'amour et je suis rentré ensemble pour un petit
heure. Nous sommes rentrés ensemble, mais la poursuite
de la relation m'a fait blasé, et tordu. Je ne savais pas que
mon deuxième épisode psychotique frapperait environ
un an après mon premier. Entre les deux hospitalisations,
j'étais presque capable de achever el fin de mes études
universitaires. Je me souviens de prendre des cours «Biologie des Jocks" et j'ai recevu les bonnes notes. Je me souviens d'prendre beaucoup d'autres classes, j'ai fait bien. De
plus, j'avais des amis. Les choses allaient «bien». J'étais
populaire avec les dames jeunes. Je crois que j'ai appris
comment on peut obtenir le titre du l'université n'importe
d'une maladie mentale. Des années plus tard, j'ai écrit un
mini-livre "comment faire" ganger un titre au collège avec
une maladie mentale.

J'étais 10mg de Navane quand j'étais sorti de l'hôpital
universitaire Stonybrook. En l'espace d'un an, j'étais baissé
à soulement 1mg de Navane.Mon psychiatre et moi espéri-
ons que je pourrais être complètement sans des médicaments. Descendre le médicament pourrait une grosse erreur.
Dans les trois jours, j'ai été hospitalisé pour la deuxième
fois. Cette fois, ce n'était pas les adorateurs du diable qui
m'a attrapé. Non, c'est le gouvernement cette fois. Je me
suis souvenu de mes médecins de ma première hospitalisation a été nommé le Dr Bush, comme le président American
du même nom. Ma maladie m'a semblé être tout droit sorti
comme la Dune de l'histoire de Frank Herbert. Dans Dune
il ya une culture très politique et profonde dans laquelle il y
avait des feintes avec des feintes dans feintes. Rien n'était
comme semblait, et il y avait toujours un niveau plus pro-

fond de sous-texte. Telle était la façon dont je pensais que ma vie était. Il y avait toujours quelque chose que je pouvais sentir, mais jamais réaliser pleinement et comprendre.

Ma deuxième hospitalisation était à l'hôpital Gracie Square à New York. C'était très étrange d'être hospitalisés parce que je suis allé à Wagner Junior High près de l'hôpital Gracie place dans ma jeunesse, et j'ai joué américain handball près de l'hôpital à plusieurs fois.Pour moi, c'était incroyable que j'étais dans le même voisinage que j'avais été près d'une décennie plus tôt. Pourtant, les choses étaient si différentes. Je me souviens face à des adversaires qualifiés et difficiles sur les tribunaux de handball à l'aire de jeux John Jay. Maintenant, l'adversaire était mon propre esprit, plus grand, plus effrayant, et plus meurtrières que n'importe lequel des adversaires de ma jeunesse.

Un incident à Gracie place que je me souvienne est très bien la première fois que j'ai fait la queue pour les médicaments. Je sentais que je ne voulais pas faire la queue pour la médecine. Je ne veux pas me sentir comme si j'étais dépendant des pilules. Cependant, je alignés. Je savais maintenant que la médecine était mon meilleur et seul espoir de combattre l'horreur et de la terreur que était ma maladie. J'ai consciencieusement dirigeai vers la fenêtre des infirmières de prendre mes médicaments. L'infirmière d'âge moyen m'a remis une petite tasse d'eau et une petite tasse contenant des pilules colorées. J'ai regardé la coupe de pilules, mais je ne pouvais pas ouvrir ma bouche. Les muscles de ma mâchoire avaient bloqué involontairement. Je ne pouvais pas croire ce qui se passait, donc j'ai glissé le long du mur et s'est assis sur le sol, choqué. L'infirmière sortit de la gare. Elle semblait très inquiet. Je ne pouvais pas ouvrir la bouche pour lui parler et lui dire ce qui se passait. Je communiquais par grognements et hochant la tête. Elle a comprendé que je n'étais pas obstinément. Elle a compris que quelque chose c'etait mal avec moi. Elle a réuni quelque infirmiers pour me donner une injection de ce que je pense était Haldol ou Thorazine. Les infirmiers m'ont aidé dans mon lit. Je me sentais beaucoup mieux, étant drogué, et à la paix. Comme je l'ai perdu connaissance, je me souviens, se sentant aucune crainte.

J'ai été confiné à Gracie Square pour deux semaines, puis libéré. Ils m'ont dit que les hôpitaux n'étaient pas une porte tournante. "Ne revenez pas, sauf si vous en avez vraiment besoin,» disaient-ils. Je résolus que je ne vais pas volver. Je devrais être capable de gérer cela avec l'aide de la médecine, je pensais. Je suis retourné à l'hiver du Long Island, et j'ai utilisé mon balai autrefois. J'ai eu un autre obstacle à affronter maintenant, mes collègues de travail. Certains de mes collègues étaient moins aimable. Ils ont commencé à me joue des tours. C'était exaspérant. Non seulement ai-je dû mettre en place avec mon état psychiatrique et un travail peu gratifiant, j'ai dû faire face à des farceurs. Aux environs de deux semaines plus tard, alors que je marchais à travailler, sorti de nulle part, ma tête pivote sur mon cou de son propre gré. Je regardais une place dans les bois, c'était une petite clairière, entouré de pins et rempli d'une plaque de neige blanc. J'ai regardé attentivement là pendant quelques secondes, et après avoir regardé pendant quelques instants, une pensée se développe lentement dans mon esprit "Vous allez mourir ici, William." Il était si claire, si distincte. C'était comme si elle était une voix chuchotant juste à côté de mon oreille, mais sans les mots prononcées. Je me suis dit, je ne peux pas régler ce problème. Il y a une probleme. J'ai moi-même retourné à l'hôpital autrefois. Je suis allé à l'hôpital Huntington cette fois. C'était une belle hôpital. Les têtes de lit de toutes les civières étaient faites de bois sculpté, et il y avait un grand bol de bonbons au poste des infirmières que personne n'a jamais touché. Ils m'ont prendé quarante mg de Navane là. Sur dix mg Je me sentais comme un zombie et plus encore sur quarante mg. C'était comme si les nuages sombres étaient devant mes yeux. Le médicament a créé une obscurité figurative devant mes yeux qui ne voulait pas quitter mon esprit depuis de nombreuses années.

Chapitre 9: Recueillir les Fragments de une Vie Brisée

Dès que j'ai pu, je me suis précipité à Long Island pour voir ce que je pouvais faire avec mes professeurs, pour sauver le travail du semestre. Mon professeur de biologie m'a donné un A-sans prendre la finale parce que j'avais fait si bien sur les deux examens précédents. Je suis reconnaissant pour sa générosité. Mon professeur bouddhisme m'a fait prendre le dernier cours de l'intersession, et mon professeur de littérature qui a été enseigné "Hopkins et son cercle" me fit sursauter par un grand nombre de cercles pour obtenir un B-. Et, je l'ai fait! Le semestre n'a pas été perdu! J'avais 117 crédits à mon nom. Tout ce que j'avais à faire, c'était de finir un plus classe, et j'ai eu un diplômé d'université! Je me suis souvenu qu'une étude indépendante dans le département de littérature anglaise serait possible à cause de ma position avancée comme un major anglais. J'ai décidé de faire une étude indépendante avec un de mes préférés des professeurs de littérature américaine. De cette façon, je ne dusse pas vivre sur le campus, et je pouvais faire tout simplement pour finir du cours. Il n'y avait rien d'autre dans ma vie autre que celui entendu au cours de ces quatre mois. J'ai travaillé sur deux documents à travers l'obscurité qui semblait saturer tout en face de mes yeux. J'ai écrit deux documents de dix pages, et j'ai attendu pour le grade avec impatience ...J'ai eu un A sur l'étude indépendante. J'étais heureux, et, mieux encore, j'étais un diplômé d'université!

J'ai invité ma mère et mon père de venir à mon diplôme. Père a dit qu'il ne viendrait pas. Je m'attendais cette reaction de lui. Il n'a jamais été favorable à moi. J'ai invité mon frère Leaf prochaine. Maman et Leaf sont venus avec moi le jour de mon diplôme. J'étais habillé dans une robe noire drapée qui jusqu'à mes talons. La cérémonie était ennuyeux. Mais, je me souviens que j'avais un sentiment de fierté du devoir accompli. J'avais obtenu un diplôme en quatre ans, en dépit de décoller une année entière à cause de ma maladie psychiatrique. Il fut un temps pour des pensées heureuses, que je pensais. Je me souviens de l'une des photographes que Leaf pris de moi sur la plate-forme de Stonybrook. Je portais un costume bleu poudre qui avait appartenu à mon grand-père. J'étais la. Mais, mon visage semblait que j'étais loin de cette place. Mon esprit savait que j'étais heureux, mais le sens de ce bonheur a été freinée par le médicament que je prenais. Tous mes sentiments ont été émoussé par ce médicament. Le fait que maman et Leaf sont allés à témoigner que «devenir» de la mine a touché mon cœur. Il signifiait beaucoup pour moi. Il le fait toujours.

Le jour où Amour et je suis totalement lâché ce que nous avions entre nous qui est arrivé peu de temps après nos études, et ce fut une journée que je n'oublierai jamais. C'était un froid, pluvieux, jour gris. Nous étions à sa maison. J'étais là pendant deux heures. Nous étions affectueux. Elle m'a raccompagnée à l'arrêt de bus, sous la pluie. Je lui ai dit que je pensais qu'elle n'est pas la femme que je pensais qu'elle était. Criait-elle. J'ai pleuré. J'oublie si je disais au revoir. Je suis monté dans le bus de la ville quand il est venu. Je me souviens regardant la route, à travers les gouttes de pluie sur le pare-brise de l'autobus. Je me souviens que je me souviendrais de ce jour pour le reste de ma vie. Je me sentais tellement triste et seul. Elle avait été tout pour moi depuis près de cinq ans. Nous avions traversé de bons et de mauvais moments, comme tous les couples le font. Je ne peux pas dire que je n'ai jamais tombé amoureux à nouveau aussi profondément que ce temps avec elle, et, à ce jour, elle hante encore mes rêves parfois. Elle a dit une chose pour moi qui m'a vraiment dérangé ce jour-là: «Vous

m'avez traité mieux que n'importe quel autre de mes copains jamais." Il m'a tué. Je la traitais mieux que je me suis
traté, je savais ca. Et, en retour, elle m'a abandonné quand
j'avais le plus de besoin de lui. Mon sens de la justice a été
brisé. J'étais rompu et déprimé.

Donc, nous avons gardé une amitié jusqu'à son mariage
avec un gars qui était être mon "ami" dans les études de
premier cycle. Il connaissait l'amour et moi. Quand elle l'a
fait pour lui ce qu'elle ne ferait pas pour moi, j'ai enfin pu
se détacher. Sa mariage avec mon ami universitare terminé
pour de bon tout ce que nous avions.

Chapitre 10: Récupération, comme mieux que je pouvais

Je vivais à la maison avec ma famille. Maman, papa, Leaf, et la Justice étaient là. J'ai beaucoup marché pour briser les longues journées incolores. Je marchais six à neuf miles chaque jour. Je ne pouvais pas concentrer très bien ces jours. La lecture était l'une des nombreuses joies de ma vie, mais en raison du niveau élevé de la médecine je prenais, Je n'étais pas capable de lire beaucoup.Ma vie tournait autour de voir mon psychiatre, et moi-même le acheter une fois par jour à un café à charrettes pour cinquante cents. Je buvais mon café au lait et deux sucres. C'était la routine. C'était le point culminant de ma journée. C'est tout ce que je pouvais me permettre. Je n'ai pas été informé par quelqu'un que je pourrais peut-être que pour bénéficier des prestations de chômage alors que j'étais toujours en attente de ma prestation d'invalidité. En ces jours, il a fallu plus de six mois pour obtenir les avantages. Le système a été encore plus lente qu'il est aujourd'hui. Le seul argent que j'avais pour ces six mois a été de 100 $ que la mère de Amour m' a donné.

J'ai rencontré la mère de Amour dans la gare 168e rue. Elle m'a regardé, et m'a donné de l'argent malgré mes protestations. Je savais que la mere de Amour me plaisait beaucoup, et qu'elle était désolée de voir comment les choses se terminent. Mais elle savait que les choses étaient à sa fin.Je l'ai pris dans mes bras, et je suis rentré chez moi pour dormir parce que la médecine m'a fatigué.

Comme je le disais, je marchais dix kilometers par jour. Il n'arrêtait pas de me relativement mince. J'étais 105 kilos à l'époque.Je portais une paire de pantalons de survêtement vert pendant quatre mois. Je n'avais pas d'argent pour plus

de vêtements. Je portais la même paire de pantalon de toujours. Je voudrais les laver fréquemment parce que je n'ai
pas eu une autre paire de pantalons. Et, ils étaient troués.
Enfin, mon beau-père a dit à ma mère: «Allez achetez un
autre pantalon." Donc, je suis allé à Macy avec maman, et
nous avons pris une paire de kaki peu coûteux. J'étais heureux d'être en mesure de porter quelque chose de moins en
lambeaux que ce que je portais. Les pantalons de survêtement je portais étaient troués à ce point, et je pourrais dire
aux gens pensaient que j'étais sans-abri.

Je me souviens d'un soir, j'écoutais la radio de nouvelles
pour le divertissement. La voix à la radio a déclaré que
l'ancien président Nixon était mort. C'était incroyable pour
moi que ce homme plus grand que la vie était mort avant
moi. Je pensais que cela n'a pas d'importance si vous êtes
riche, célèbre, pauvre ou puissant, la mort est inévitable.
Nous mourrons tous. Je savais ca intellectuelment. Cependant, en ce moment, dans l'obscurité, seul avec ma radio,
j'ai senti la mort aussi. Les sirènes hurlaient au loin, les
lumières rouges et blanches éclairant les bâtiments à proximité. Je me sentais comme il pourrait être plus facile de
jeter juste me off au quatrième étage de mon immeuble.
Il était tentant. Je savais que ma vie serait très difficile à
l'avenir. Mais, j'ai décidé contre elle. La mort est définitive,
et je voulais apporter quelque chose au monde à travers ma
vie. Je n'ai pas fini ma vie ce soir.

Peu de temps après, j'ai commencé à recevoir des prestations d'invalidité. J'étais avec ma carte de crédit pour les
six mois pour acheter les médicaments anti-psychotiques
qui ont été me garder hors de l'hôpital. Personne ne m'a
aidé à payer pour eux, pas ma famille, pas n'importe qui.
Chaque dernier sou de mon argent est allé à mes médicaments. Je savais à ce moment que je devais le Navane plus

que j'avais besoin de nourriture. J'ai fait ce que j'avais à faire pour les obtenir. Heureusement, le médicament que je prenais était bon marché parce qu'il y avait une forme générique.

J'ai décidé que je devais entrer dans une sorte de programme de traitement. Avec le médecin que je voyais à l'époque, nous avons appliqué à un endroit appelé le Centre D'études Supérieures Pour la Santé Mentale. Je devais faire quelque chose de constructif avec mon temps. J'ai postulé pour le programme IPRT (réadaptation intensive). Après deux mois, j'ai été interviewé, et j'a accepté!

L'entrevue était une chose étrange. Son ton me semblait être comme un entretien d'embauche. Je me souviens de la femme derrière le bureau qui a été m'interviewer. Elle était très impressionnante, et elle m'a fait sentir que ce programme IPRT allait être la chose que j'aurais besoin pour aider avec tous mes problemes. Elle était vendeuse, c'est sûr.

Le premier jour, je suis allé au programme IPRT j'étais précoce, que je serais souvent. J'ai regardé autour de la salle. J'explorais mon nouvel espace. J'ai remarqué une citation que je me souviens de ce jour "Dieu donne la charge, également épaules." La lecture que j'ai acquis un certain courage. Oui, j'ai beacoup de choses mal en mi vie, je pensais. Mais, je suis libre. Je ne suis pas dans une prison ou une hôpital psychiatrique . Il faut faire aussi bien que je peux vivre ma vie avec mes propres termes.

Personnes ont venu lentement dans la salle de classe au quatrième étage du Centre D'études Supérieures Pour la Santé Mentale. J'ai gardé le silence. Je n'ai pas voulu se remarquer. Je voulais observer ma nouvelle communauté.

Les gens étaient calmes et, avec une exception. Il y avait un jeune homme noir, de mon âge qui a commencé à me parler. Il avait l'air sympa. J'ai parlé aussi, et nous avons eu une conversation. Pendant que nous parlions, je n'arrêtais pas de regarder par la fenêtre à l'aspect industriel des bâtiments qui nous entourent. Il y avait des panaches de vapeur d'eau provenant des toits des bâtiments voisins. Nous étions dans le quartier de la mode, et l'endroit n'était pas jolie. Mais, il était fonctionnel, et cela suffisait. Il y avait un vieil ordinateur dans le coin supérieur droit de la salle de classe, et il y avait un tableau noir à l'avant. Il y avait des chaises-tables ainsi, mais c'est tout.

Les travailleurs sociaux sont entrés dans la chambre. Il y avait une petite femme roumaine mignon, et un type irlandais. Ils étaient jeunes. Ils ont commencé le groupe en parlant de ce qui se passait chez nous. C'était ma première expérience avec la thérapie de groupe. C'était incroyable! Les gens ont parlé de leurs pensées rapidement, leur paranoïa, de leur incapacité à faire les choses, et je pouvais rapporter! Pendant très longtemps, je pensais que j'étais la seule personne dans le monde qui souffre de ces problèmes. Maintenant, je me sentais moins seul. J'étais l'un des nombreux qui ont été aux prises avec une maladie difficile. Cette prise de conscience a été très précieux pour moi. Chaque advantage je pouvais avoir sur ce problème a été précieuse. Ce fut un pas de plus pour être en mesure de se battre avec mon problème. Avec une maladie comme la schizophrénie, vous ne pouvez pas gagner. Vous ne pouvez le combattre. Il est le gorille de cinq cents kilos dans la chambre avec vous. Tout ce que vous pouvez faire est de prendre vos médicaments tels que prescrits et aller à thérapie . Ce sont deux choses qui peuvent aider énormément.

Leaf était sorti de la maison ces jours-ci au MIT, poursuivant son diplôme en engineering électrique. J'ai raté ce mec. Cependant, Chung a toujours été fiable quand j'avais besoin de quelqu'un à qui parler. Il a toujours eu une oreille attentive. Je me souviens d'un dîner, nous avions dans un restaurant mexicain.

"Que voulez-vous manger?" dit Chung.

"Je ne sais pas. Tout me semble bon sur le menu. Même les croustilles gratuits! " J'ai ri, "Je n'ai jamais vu salsa verte! C'est quoi ce truc? "

Chung m'a donné une réponse épicurien j'en suis sûr. Je ne me souveins pas ce qu'il a dit, parce que je ne suis pas vraiment un gourmet. Mais, j'ai décidé de manger un burrito de boef, et il a obtenu un burrito aussi.

Hmmm Ce burrito est mieux que Taco Bell. " Dis-je.

"Comment osez-vous comparer la nourriture ici avec Taco Bell? Il n'ya pas de comparaison! " Chung a ri.

«Je vais ramener la conversation à un endroit sérieux, Chung." Je l'ai dit, devenant soudainement sombre: «Je suis un peu déprimé ces jours-ci. Je ne peux pas me concentrer, et je pense beaucoup de ce qui aurait pu être. "

"Ok", a déclaré Chung.

«Je n'ai pas pu terminer le programme d'études en informatique parce que mes compétences de codage ne sont pas le meilleur. Je ne pouvais pas terminer un programme de mathématiques appliquées parce que j'ai décidé d'aller avec quelque chose que je puisse terminer facilement .. Littérature anglaise. J'ai un peu de regret de cette décision, "j'ai dit.

En réponse, Chung a dit: «Est-ce que. Vous avez traversé beaucoup. Vous avez reçu un diplôme d'études collégiales en quatre ans malgré tout. Vous vous débrouillez bien. En outre, vous utilisez le mot «codage» pour savoir comment vous programmez. La plupart des gens ne sauraient pas à le dire. Vous faites vraiment bien. N'avez-vous pas l'oublier."

"Merci !" Dis-je. Je pensais. Petits entretiens de dynamism d'Chung m'a toujours eu dans les moments difficiles, et il ne dirait pas quelque chose qu'il ne voulait pas. Ainsi, le vote de confiance se sentait bien. Nous avons passé le reste de la nuit à parler "occasions manquées", souvenirs, et parler d'autres petits détails de la vie. Il m'a rappelé que je vis pour les connexions réelles, et il m'a rappelé que j'ai toujours été capable de parler à mes frères. En cela, je l'ai toujours été riche.

J'ai renoué avec une amie de Stonybrook peu de temps après. Rose. Elle était un petite, effervescente, jeune femme chinoise. J'ai toujours aimé parler avec elle au collège, et je savais que je voulais la regarder plus tard puisque nous avons tous deux vécu à New York. Nous avons passé notre temps à un restaurant italien la première fois que nous sommes rentrés ensemble. C'était le bon temps.

Au programme IPRT j'assistais, j'ai appris que nous devions faire quelque chose avec nos vies en tant que partie intégrante du modèle IPRT. J'étais d'accord avec cette raison que je n'avais pas abandonné mon esprit pusissant. Après délibération, j'ai décidé de retourner à l'école pour devenir bibliothécaire pour enfants. Je sentais que la vie d'un avocat ou d'un enseignant ou d'affaires serait trop stressant. Comment stressant un groupe d'enfants au moment de l'histoire pourrait être?

J'avais un travail à ce point dans ma vie. J'ai vendu des t-shirts. Une partie de mon travail de vente T-shirts travaillait avec d'autres jeunes, de mon âge. Je me souviens d'une des filles avec qui j'ai l'habitude de travailler. Frang. Elle était fougueux, court, gros seins, et joli. Une fois, alors que je gagnais ma continuons à vendre des T-shirts, j'ai été jumelé avec elle. La pluie était de la prévision, nous avons donc dû garder un oeil sur le ciel, et nous avons dû garder les T-shirts sec. Je ne savais pas que je vais tenir un festin visuel plus tard, grâce à ces petites gouttes de pluie. Nous avions mis en place pour la journée sous une grande bâche transparente. Pendant la plupart du temps, même avec la pluie, cela nous garder sec. La pluie a commencé tôt. Nous y sommes allés parce que nous pourrions encore vendre des chemises entre averses. Frang et j'ai bavardé une tempête, nous-mêmes, comme d'habitude. Elle aimait parler, comme moi. Très vite cependant, les vents commencé en forte hausse et la pluie n'a pas diminué. La pluie et le vent sont devenus plus forts. Donc, je tenais la tente avec mon propre poids du corps tout Frang couvert toutes les tables de sorte que la marchandise ne soit pas mouillé. Il doit y avoir quelques rafales puissantes parce que je ne pouvais pas ancrer la tente. Il s'est envolé, et Frang et je me suis trempé. J'ai souri largement parce que Fang portait un T-shirt blanc, et elle a été tres jolie dans ce T-shirt mouillé. Elle rit, et elle m'a appelé un pervers. Je pourrais dire qu'elle aimait l'attention. Nous nous sommes repris et avons été asséchée après avoir été trempé pendant environ une heure dans la saison des pluies chaudes de l'été. Nous sommes allés à Chinatown pour manger de la nourriture chinoise et sortir. J'étais pauvre mais sociale, et je préférais être social d'être riche. Les choses ne se développent pas entre moi et Frang, malheureusement. Elle avait un petit ami. Après leur rupture, elle voulait obtenir à nouveau sociale avec moi. J'étais en train de flirter un peu avec elle un jour, et puis elle m'a dit de l'arrêter. Je lui ai dit que si elle voulait que j'arrête de flirter avec elle alors qu'elle aurait besoin d'arrêter de parler de moi. Cela a fini cette amitié. Je voulais plus d'elle qu'elle était prête à donner.

Je n'ai pas fait d'amitiés durables au programme IPRT parce que les gens n'étaient pas très sympathiques. J'ai fait des amis avec un homme juif âge moyen là. Il était un bonhomme. Il avait un caractère fort en dépit d'une grave maladie mentale. J'ai vraiment essayé d'être son ami, mais quand il a été négligent parce qu'il n'a pas assez d'attention aux feux de croisement et a failli être tué plusieurs fois, eh bien, je ne pouvais pas régler ce problème. J'ai fini cette amitié.

Il y avait une fille irlandaise à IPRT qui avait environ dix ans mon aîné. Je pensais qu'elle était une femme agréable, et nous avons toujours eu une bonne conversation. Nous sommes restés en contact pendant un certain nombre d'années, mais plus tard en raison d'un faux pas de ma part, nous ne pouvions plus être amis. Il semble que je suis en mesure d'obtenir et de garder des amis qui sont "normal" mieux que ceux avec des maladies mentales pour une raison quelconque.

Pendant tout ce temps, je travaillais sur mon application à l'école bibliothèque Queens College. J'ai utilisé une recommandation d'un professeur de mathématiques appliquées que j'ai été impressionné par mon probabilité supérieure division et les compétences des statistiques. Elle aimait parler de littérature avec moi parce que j'estudias littérature anglaise dans une division de classe de mathématiques appliquées supérieur. Je l'aimais bien. Pour une raison qu'elle n'aimait pas Amour. Je n'ai jamais très bien compris cela. Peut-être qu'elle a vu quelque chose que je n'ai pas. J'ai utilisé une recommandation d'un instructeur de l'écriture avec quien j'étais aimable. C'était un bon gars. Et, j'ai utilisé une recommandation de mon roumain travailleuse social parce que je ne pouvais pas obtenir tous les autres facilement. C'était à en-tête de «Le Centre D'études Supérieures Ouest». Donc, je suppose que les gens de Queens College pensé que c'était un autre programme d'études supérieures. Heureusement pour moi, ils ne savent pas ou ne pensent à vérifier que ce n'était pas une institution académique. Entre la marche, la vente de T-shirts, et IPRT, le temps passait assez vite, et bientôt mes six mois au programme IPRT avaient plus. J'ai reçu une lettre de Queens College de maman. J'ai pris la lettre dans l'enveloppe blanche de sa part. J'ai vu le «Q» sur l'enveloppe. Que Q est le logo de Queens College qui allait dominer ma vie pour les trois prochaines années. J'ai lu la lettre. C'était une lettre d'acceptation! Je suis ravi parce que j'avais visé pour quelque chose d'incertain, et j'ai attendu mon objectif!

Chapitre 11: La soif de Connaissance et d'espoir pour l'avenir sont encore Engagé: École Supérieure au Queens College

Je me souviens voyager au campus du Queens Collège pour la première fois à partir de Washington Heights. J'ai pris le train 1 jusqu'à la rue 42ème et transféré au train 7 où j'ai pris de son premiere gare à son dernier: Flushing, dans le Queens. Je ne savais pas anteriorment, mais Flushing, dans le Queens, avait le 2ème Chinatown plus grand à New York. Le voyage au Queens College de Washington Heights a été loin. Après avoir dégusté une pâtisserie chinoise et le café avec de la crème et deux sucres à proximité du métro, je faisais la queue pour prendre le Q17 pour se rendre au campus de Queens College.

C'était incroyable. Faire la queue pour un bus était nouveau pour moi. Je n'étais pas habitué à New-Yorkais se mettre en ligne pour les transports publics. Dans Manhattan Ils ont toujours fait une débordement de foule pour le bus. Ce n'était plus civile. Le Q17 est en face d'un McDonalds, proche de la gare. Je suis monté sur le bus à la boulevard Kissena, tres proche du campus. Ensuite, j'ai caminé vote via Kissena le long de la bordée d'arbres extérieur du campus, devant le bâtiment de l'Administration de style espagnol avec ses couleurs bardeaux en terre cuite de la terre, à la Bibliothèque Rosenthal. La bibliothèque a été le plus beau bâtiment sur le campus. C'était une structure moderne avec une tour de l'horloge. Il avait une belle atrium au premier étage où la lumière a inondé travers les grandes baics vitrées. Le sol était en terre cuite, et il y avait beaucoup de l'acier utilisé dans la construction de l'édifice. Ce devait être ma deuxieme maison en exterieur de la maison pendant trois ans: ma concentration et ma détermination. L'école de la bibliothèque était au sous-sol de la Bibliothèque Rosenthal. Le voyage de Washington Heights à Flushing, dans le Queens en utilisant les transports en commun m'a fallu 2 heures dans chaque sens, chaque jour, pour un total de quatre heures de voyage par jour.

Je me souviens que l'inscription à des cours à l'école bibliothèque Collège Queens est un processus complexe. On a laissé le reste du campus de s'inscrire en scantron, puis plus tard par téléphone. Pas nous. Nous devions aller, en personne, 6h du matin, et signer une feuille pour nous donner le privilège de signer pour une classe à 10h. Le corps professoral et de l'administration ont dit que c'était pour que les gens ne seraient pas prendre des cours qu'ils n'étaient pas prêts à entrer. C'était l'enfer devient de Queens College si tôt. Je suis arrivé très tard mon premier jour, aux environs de midi. À cette époque, il y avait 400 personnes avant moi. Le GSLIS (École supérieure de bibliothéconomie et sciences de l'information) salon de l'étudiant a été emballé, comme ce fut le couloir, et l'atrium devant le bureau GSLIS. Je devais y rester jusqu'à ce que j'étais l'un des derniers à être appelé, ce jour-là, proche de 19 heures. Il fallait s'y attendre, avec le recul. Certaines personnes étaient venues à 5h du matin pour être première en la queue. Ils méritaient de passer en premier. Nous avons utilisé le temps de socialiser. J'ai remarqué qu'il n'y avait pas beaucoup d'hommes autour. La plupart des corps étudiant semblait être des femmes d'âge moyen. Je dois parler avec quelques personnes de socialiser et d'entendre ce que les classes pourraient être bon. À ce moment, je ne savais rien de l'école. J'ai entendu des rumeurs selon lesquelles un professeur Surprenant était un professeur de ne jamais être pris, et que le cours du professeur Blake sur le catalogage était bon. Je n'ai jamais eu peur de prendre un cours avec un professeur difficile. "Comment dificile pourrait un professeur de l'école bibliothèque être?" Je me demandais.

J'ai parlé avec quelques personnes au hasard, et a eu une conversation au hasard . Je devais être une personne intéressante à qui parler.

La plupart de la population étudiante était habillé en "vêtements de travail" qui étaient beaucoup plus formel que la mienne. J'étais habillé d'un manteau bordeaux Carhart, un t-shirt, un jean et baskets. Je regardais plus comme un travailleur de la construction d'un élève de l'école de la bibliothèque. Le temps a passé. J'ai été appelé. Le membre du corps professoral inscrire m'a demandé quelles sont les classes je voulais prendre. Je lui ai dit, 700, des bibliothèques et des ordinateurs, et 701, Introduction à la bibliothéconomie. Je me souviens que j'allais prendre le cours bibliothèques et des ordinateurs avec le professeur Surprenant, et je n'y pensais pas. Je me suis inscrit et j'ai envoyé sur mon chemin. Ma première grosse journée était terminée. Maintenant, tout ce que j'avais à faire était de survivre les trois prochaines années.

J'ai eu deux professeurs étonnants du premier semestre au Queens College: Surprenant et Sununu. J'ai etudiais introduction à la bibliothéconomie avec Sununu. Le premier jour de classe a été quelque chose comme ça ...

Sununu était un gars espagnol de taille moyenne. Sa caractéristique la plus notable était une aura d'être décontracté. Je n'étais pas trop inquiet au sujet de cette classe. Il allait dans la classe demander aux gens pourquoi ils voulaient être bibliothécaire, et il a plaisanté en disant que la réponse standard était «J'aime les livres, et j'aime lire." Donc, quand il est arrivé à moi, dit-il .. "Et, vous! Pourquoi voulez-vous être un bibliothécaire? "

J'avais préparé une réponse, et je voulais juste lui donner et en finir avec la formalité, quand il m'a interrompu. "Hé, je vous connais, vous êtes un psychopathe." J'ai été choqué en silence. Comment cet homme pouvait sais que j'ai eu toute sorte de problèmes de santé mentale. Je ne pense pas que je l'ai montré toute sorte de problèmes. Il a continué lorsque je me taisais. "N'avez-vous pas aller au lycée Stuyvesant?"

"Oui". Je lui répondis.

Sununu dit: «Oui, je savais que vous me souvenais. Vous êtes l'un des psychopathes du Stuyvesant ".

Wow. Je pensais que ce mec a une sorte de mémoire photographique, ça fait des années depuis qu'il a dû me voir. "Oui, j'étais l'un des présidents du club de vélo Cycopaths dans ma dernière année.", Dis-je.

Professeur Sununu a dit: «J'étais l'un des maréchaux superbes sur le pont Queensborough une des années les Cycopaths Stuyvesant aidé le tour. Vous êtes étudiants Stuyvesant vraiment intelligent, vous ne devez pas être un génie ou quoi? Pourquoi avez-vous envie de venir à l'école de la bibliothèque? "

J'ai dit: «J'aime les livres. J'aime lire et j'aime ordinateurs ".

"Assez bon pour moi.", A déclaré Sununu, et il a continué dans la salle, demandant aux gens pourquoi ils voulaient être bibliothécaire.

Je prenais des Bibliothèques et des Ordinateurs avec Surprenant, il était un homme grand, avec une présence imposante et une barbe blanche. Je pensais que la classe serait facile parce que je me considérais bien avec les ordinateurs. Je me suis trompe. La classe a été un cauchemar. Les rumeurs avaient raison sur Surprenant. Il était une niveleuse très dures. Le mot que ses tests seraient difficiles était vrai. J'ai été choqué par le premier test. Non seulement avons-nous besoin de le mémoriser tout le contenu dans le livre,

mais nous avons eu aussi de mémoriser les illustrations et même les légendes des tableaux et illustrations, pour obtenir toutes les réponses correctes. J'etait choque Plus tard, j'ai découvert que beaucoup de gens avaient les anciens tests. Je n'ai pas eu le luxe de regarder un vieux test. Dans les deux classes de ma stratégie était de tenir le coup aussi peu que possible et de faire aussi bien que possible sur les tests. Ce devait être une stratégie parfaite pour moi, surtout dans la classe de Surprenant. Je crois qu'il aimait voir combien vous pourriez apprendre, puis vous pousse un peu plus.
Il a été professeur de la vieille école. Il a enseigné. Vous avez appris, période. Cela a fonctionné pour moi parce que je ne voulais pas etre obvieux. Les choses sont allées comme prévu ce semestre. J'ai reçu un B en Introduction à la Bibliothéconomie. J'ai reçu un B- dans les Bibliothèques et les Ordinateurs, tout en étant bien supérieure à la moyenne sur chaque test. Il était difficile d'accepter ce B-. J'étais découragé. A cette époque, j'étais encore participer au programme IPRT de temps en temps. Je me trouvais là un jour parler de la B- à un de mes conseillers. "Comment vais-je pouvoir continuer si je suis un B- dans mon sujet mieux?", Je déplorais. J'étais très découragé, et je pensais de se retirer du programme. Mon beau-père m'a dit. "Vous allez rester dans le programme, jusqu'à ce qu'ils vous parviennent pas sortir." Ce genre de réponse sans équivoque pris les choses de mes mains un peu, et je résolu de faire aussi bien que je le pouvais comme bien que je le pouvais, n'importe pas le résultat.

Le prochain scmcstrc, j'ai pris 701 Introduction à Catalogage avec le professeur Blake et 702 Introduction à la Référence avec la professeur Brody.

Professeur Blake était un grand homme. Très grand. Il devait peser plus de 300 livres. Il était trop gaie. Il a toujours eu un grand rire. Il était sympathique. Je n'ai pas fait aussi bien que je l'aurais voulu dans sa classe parce que quelqu'un a volé mon livre, Règles de Catalogage Anglo-Américaines 2e édition Il a été le livre au cours de la première semaine d'école, et je ne pouvais me permettre de le remplacer. Cependant, ils ne volent pas les livres supplémentaires que j'avais. Le livre que je devais utiliser le plus, c'était le livre qui a été volé. Il a été un miracle, j'ai survécu à ce cours. J'ai un autre B-. Je sentais que en cette cas l'on était méritée.

Brody a été chargée de cours quand je l'ai pris pour Référence: GLIS 702. La classe était une chasse au trésor pour les sources de référence imprimés. J'ai utilisé deux bibliothèques pour trouver les plus de 100 sources, et nous avons dû faire des cartes d'index. J'ai utilisé la bibliothèque sur le campus de Queens College, la Bibliothèque Rosenthal. J'ai aussi utilisé la succursale principale de la bibliothèque publique de New York à la 42ème rue. Entre les deux bibliothèques et mon travail sur les examens, j'ai reçu un A-. C'était suffisant pour me garder à peine au-dessus de la moyenne B qui a été nécessaire pour rester dans le programme scolaire de la bibliothèque.

Il était difficile d'étudier ces jours-ci, à cause des médicaments je prenais. J'ai pu me forcer à étudier, mal, proche d'une heure chaque jour. C'est tout. J'ai eu la chance qu'il y avait beaucoup de ce que je considérais comme "travail occupé» à l'école de la bibliothèque jusqu'à ce point. Ils nous ont donné plus de 10 articles à lire chaque semaine, et c'était beaucoup de lecture. Cependant, j'ai noté vitement que la plupart des articles étaient sur les mêmes sujets et juste utilisé des mots différents pour capturer la même idée. J'étais à quelque chose. J'ai pu lire quatre de les articles et faire aussi bien que les élèves qui lisent le quinze. J'étais capable de séparer ce qui était important et ce qui l'était pas. Parce que j'ai pris des raccourcis comme ce tout au long de ma première année. Je me suis accroché là-bas et j'ai survécu. J'ai preferé travailler plus intelligent et non plus dur. J'ai eu à étudier et à travailler sept jours par semaine. Je ne me suis pas permettre à n'importe quel jours de congé parce que je ne veux pas être derrière. J'ai eu le minimum d'une moyenne des notes de 3,0 après ma première année complète qui était ce que je devais avoir à rester dans le programme.

Au cours de cette première année, je vivais à la maison, et j'ai vécu proche du campus. Je vivais à la maison pour le premier semestre, mais quand je suis fatigué de faire la navette, j'ai loué une chambre à Flushing, dans le Queens pour que je puisse être plus proche de l'école. Ce salon était tres cher pour moi. A été une situation trés dificile. Je suis devenu solitaire là-bas tout seul. Après avoir vécu en Flushing pour un an et demi que je suis rentré chez moi. Ma famille était dysfonctionnelle, mais au moins je pouvais vivre libre, et il y avait les gens à parler à la place des murs.

En outre, au cours de la deuxième moitié de ma première année, j'ai commencé à recevoir une aide réelle du gouvernement pour la première fois dans ma vie. J'ai commencé à recevoir de l'aide pour payer mes frais de scolarité de VESID. Ce qu'ils m'ont donné était une éducation gratuite. Ils ont payé pour mes d'études supérieures de CUNY, completement. Mon conseiller à VESID batté pour moi, et m'a donner des services pour la raison que j'ai presque une moyenne de B dans mon premier semestre à l'école superieur. Bénir et bénir VESID. Ils m'ont vraiment aidé quand j'en avais besoin, et je ne vais pas oublier leur générosité.

Je suis allé à un thérapeute et un psychiatre pour obtenir mes médicaments plus au Centre d'études Supérieures pendant la majeure partie de ce temps. J'ai eu un traitement une fois par semaine, et j'ai vu mon psychiatre une fois par mois. Mon thérapeute était une femme, plus âgée que moi, avec des jambes fantastiques. Elle n'arrêtait pas de me pousser à avoir une petite amie, et nous avons mettre ca comme un objectif thérapeutique. Notre relation thérapeutique a été intéressante, mais elle n'a pas duré longtemps en raison du fait qu'elle était stagiaire, et elle a dû faire son chemin, finalement. Je ne me souviens pas vraiment mon psychiatre parce que je ne voyais que ses seulement quinze minutes par mois. Cela ne suffit pas à fonder toute sorte de sentiments. Elle a fait son travail de distribution des médicaments, et j'ai fait la mienne en les prenant comme prescrit.

Bientôt, cependant, je ne voulais pas retourner au Centre d'études Supérieures pour conseil et de thérapie parce que je voulais voir un thérapeute moins fréquemment. Je pensais que cela permettrait de me concentrer sur mes études universitaires. J'ai moi-même passé à la Cinquième Avenue Centre de counseling et de psychothérapie au 10 West 10th Street. C'était un bâtiment quelconque, avec seulement une petite plaque en disant au monde que c'était le centre historique de la Cinquième Avenue Center, où Freud avait déjà visité l'un de ses voyages en Amérique, et le film avec Jack Nicholson "As Good as it Gets" était filmé lá bas.

Je me souviens de la session d'admission j'ai eu, clairement. Elle a eu lieu dans une salle exiguë au sous-sol du Centre. J'avais apporté mon frère bébé Justice qui avait environ cinq ans à l'époque. Le conseiller qui dirigeait la session d'admission a dit: «Êtes-vous sûr que votre frère cadet devrait ici pour cette interview? Nous irons parler sur des sujets très délicats ".

J'ai dit: «C'est ok, il a déjà tout entendu. Il ira simplement jouer avec ses petites voitures sur le tapis ".

"Ok", A déclaré le conseiller.

Ainsi, il a joué avec ses petites voitures sur le tapis de la salle des entrevues pendant que je racontais au thérapeute les horreurs des symptômes que j'avais vécu. Justice a été un bontemps, et il était capable de jouer .. heureux dans son enfance, alors que les effets de la tempête ont combaté dans mon esprit. J'étais heureux d'avoir le petit punk dans ma vie parce que j'ai aimé prendre soin de mon petit frère. J'ai apprécié le rôle d'être un grand frère à nouveau.

Finalement, j'ai eu un grand médecin il a nommé le Dr Augustin et mon premier thérapeute il a été le meilleur thérapeute que je pourrais jamais avoir. Son nom était M. Barth.

La première fois que j'ai vu M. Barth, j'ai été très contrarié d'avoir à être là parce que je savais que le médicament était la chose la plus importante pour moi à l'époque. Alors, j'ai partí et ne viens pas à la thérapie pendant deux mois. Mais, je commençais à me demander si je devrais aller à ces séances de thérapie et de voir ce qu'ils avaient à offrir, parce que le temps que je vais ont été tellement positifs. Je suis allé à une séance de thérapie complète un jour. De là, j'ai finalement hâte de séances de thérapie avec lui. Il m'a toujours traité avec respect, pour des raisons telles que mon école doctorale assister malgré l'utilisation de médicaments psychotropes vraiment puissants. Et, il m'a parlé de la manière d'un entraîneur qui veut que vous gagnez pour vous-même. Si je ne me sens pas bien entrer, je me sentais toujours bien sortir de là. Il m'a aidé à rester concentré sur ce qui était important, et il était difficile lorsque cette relation thérapeutique terminée. Il était comme un grand frère pour moi. Et cela, pour moi, c'est la relation thérapeutique idéale. Le thérapeute ne devrait pas seulement une oreille pour entendre vos malheurs, mais une personne qui peut vous inciter à être votre meilleur malgré tout ce qui se passe dans votre vie, et qui peut vous accepter pour qui vous êtes.

Les classes de l'école de la bibliothèque est devenue un flou: la référence en sciences sociales, science, référence de l'entreprise, et plusierus plus. Il y avait quatre classes que j'ai pris qui se démarquent dans mon esprit au Queens College: Internet Technologies, Bases de Données en Ligne et Optique, la classe de thèse, et la programmation Java.

Très vite après ma première expérience de survivant à peine une classe Surprenant, j'ai décidé que je m'en tiendrais à l'idée de devenir bibliothécaire pour enfants. J'ai pris un cours qui a été nommé «L'histoire et l'enfant». Je voulais éviter technologie en raison de ma première expérience avec Surprenant. Je suis entré dans la classe, et discuté avec quelques-uns des élèves de sexe féminin, et comme faisant partie de la conversation, j'ai mentionné que je ne peux pas supporter les enfants. Je ne savais pas, mais le professeur était dans la salle de classe à nous écouter parler. Elle a commencé la classe en leur demandant aux gens pourquoi ils voulaient être dans la profession biblliotecaire pour les enfants, et elle a donné mon occasion. "Et vous. L'enfant-ennemi. Pourquoi êtes-vous dans cette classe? " J'étais abasourdi, et j'ai dit quelque chose, mais je ne me souviens pas quoi. J'ai alors regardé autour pour une autre classe, parce que je sentais la classe était un mauvais ajustement, après cette première rencontre avec le professeur. La seule classe qui avait un siège libre était une classe appelée Recherche du Bases de Donné Enligne et Optique. J'ai rejoint la classe s'attendant à être laissés pour compte. À ma grande surprise et de plaisir, j'ai appris très bien, et j'étais l'un des meilleurs élèves de la classe. J'étais tellement bien dans la classe que j'ai commencé le tutorat mes camarades de classe. J'avais un camarade que je tutorés dire, à quelques reprises, «Dieu, merci pour Will." Cette reconnaissance de ma contribution à la classe et mes camarades était une affirmation doux. Le professeur a été nommé Kibirige, et il avait écrit plusieurs livres sur la recherche de les bases de Donné. Je préférais l'apprentissage de la matière sur le mien, avec les manuels, donc ses conférences ont été la cerise sur le gâteau. Si j'ai appris quelque chose de lui dans la classe, c'était super, sinon .. Ainsi soit-il. J'ai appris la banque de Donné Dialog qui était une collection de plus de 600 des plus puissants bases de données les plus à jour qui pourraient être utilisés dans le monde. En ces jours, nous avons utilisé une connexion Internet appelé telnet. C'était une interface sous-optimale, mais nous avons fait faire. En outre, j'ai appris Lexis/Nexis qui était le plus puissant outil de recherche juridique et de nouvelles dans le monde à l'époque. Nous avons également etudions brièvement Web Wilson qui avait un tas de bases de données de la Société respecté HW Wilson.

La examen finale du En Ligne et Optique a été donné à nous par le professeur Kibirige, et il a prédit que d'ici la fin de la nuit, quelqu'un finirait l'examen. Il avait raison. Une heure après il nous a donné nos cinq questions de recherche, j'ai remis mon disque et les impressions des stratégies et des rapports recherche. Je ne peux qu'applaudir. J'ai seulement eu un A- dans la classe, à cause d'une question que j'ai trouvé bizarre. Nous devions trouver des informations sur le poulet en utilisant des lentilles de contact. Je pensais que c'était une blague, donc je n'ai pas pris cela au sérieux. J'ai trouvé la bonne base de données pour chercher, et ma requête a été parfait, sauf une omission. Je n'ai pas booléenne ou la recherche (poulet ou de volaille) et qui fait toute la différence entre A et A-. Mais, je l'ai fait, et je suis heureux que j'ai fini aussi vite que je l'ai fait. Professeur Kibirige a toujours été gratuit pour moi après avoir pris sa classe, et cela m'a fait du bien.

Après ce succès forte, j'ai décidé de ne pas laisser l'héritage du Professeur Surprenant m'intimider totalment. J'ai décidé de prendre des Bibliothèques et de l'Internet. Professeur Surprenant a dit quelque chose au cours de l'une de nos conférences qui m'ont frappé. Il a dit que la pointe de la technologie est de rendre la vie meilleure pour tous les peuples, et pas seulement aux riches. J'ai aimé son point de vue. Les manuels scolaires que nous avons utilisés pour les Bibliothèques et l'Internet étaient coloré et plein de photos. Ils n'ont pas eu beaucoup d'information en eux, alors j'ai décidé d'en extraire l'information à partir des livres et de les écrire dans mes propres mots. Cela s'a été une très bonne solution. J'ai eu un A sur le premier examen. Un camarade de classe de la mienne, également diplômé Stuyvesant obtenu un A-. Elle était bonne pour parler quand nous n'étions pas étudions trop de la l'information scientifique. Elle était mariée et de 20 ans mon aîné, il n'y avait donc aucun intérêt romantique, mais elle était un bonne amie.

Le médicament que je prenais m'a donné beaucoup de akathisie, si mes jambes rebondir et je basculer dans mon siège, mal à l'aise, même pendant les cours. Au cours de chaque classe j'ai pris, j'ai essayé de sortir pour une petite promenade pendant les cours, juste pour soulager cet effet secondaire désagréable du médicament. Je l'ai fait aussi lors de bibliothèques et de l'Internet quand je ne pouvais pas prendre l'agitation plus. Une fois, quand je reviens d'une petite promenade, Dr. Surprenant m'a appelé à son bureau. La classe faisait une sorte de mission. J'étais nerveux parce que je ne travaillais pas avec les autres. Il a dit: "Will, j'ai remarqué que vous avez été d'aider les gens dans le laboratoire informatique." - Je ne sais pas quoi penser. Il a poursuivi: «Ce sera reflété dans la note finale." Je ne savais pas ce que cela signifiait. Donc, je l'ai joué cool et dit: "Merci." Ce semestre, en plus d'être un étudiant, j'étais également l'administrateur du serveur de liste de la GLISNET. GLISNET était la liste de courriel automatisé du departement de l'ecole des bibliotecaires du Queens College. Je suis essentiellement désherbé la liste des adresses e-mail de génération d'erreur, et j'ai posté les annonces de la faculté. Les adresses qui générer les erreurs sont généralement des adresses corriel qui n'étaient plus valides ou avaient des boîtes e-mail plein.

Un jour, le Dr Surprenant, a proposé que je devrais être en charge de l'ajout de nouveaux étudiants à la liste. En interne, j'ai peur à l'idée parce que cela voudrait dire beaucoup plus de travail car il y avait plus de cinq cents étudiants dans le programme. J'ai dit que si je faisais cela, nous serions flouer le corps étudiant d'apprendre à vous abonner et désabonner d'une LISTSERV. C'était très vrai. C'est une compétence de base que le bibliothécaire doit avoir dans cette epoche. Professeur Surprenant vu que j'avais un point, et, heureusement, la question chuté. Ce semestre, j'ai été occupé avec les bibliothèques et l'Internet, et GLISNET. Quand j'ai eu mon retour de grade de bibliothèques et de l'Internet, j'étais folle de joie! A+! Permettez-moi de vous dire, de la patience et de manières rentable que si vous avez un handicap psychiatrique ou pas!

À ce stade, j'avais des amis à l'école de la bibliothèque. J'étais un gars social, et j'ai eu un dîner avec des amis à la cafétéria de l'école presque tous les soirs. J'avais un ami qui était un ancien avocat. Pauly. C'était un bon gars. Et, j'ai même lui faire part de ma maladie mentale. Nous sommes restés amis. Nous étions amis depuis plus de deux ans au cours de nos journées ensemble à l'école de la bibliothèque. Nous avons passé plus d'une journée dans l'Union des étudiants de parler des filles et des classes. J'avais une amie aussi qui était soit hindou. Elle était une bonne personne, et je valorisé son amitié.

Je me souviens qu'une fois, j'étais assis avec mon amie dans la bibliothèque de l'école laboratoire informatique et ce mec je reconnaissais mais jamais traîné avec levé et a crié "Eureka!". Nous lui avons demandé ce qui était si excitant. Il s'avère, après deux ans d'études supérieures qu'il a finalement appris qu'il pouvait changer la taille point de la police du 10 au 12. Nous avons dit quelque chose à l'effet de "N'est-ce pas intéressant?" Mais, nous mourions de rire plus tard. J'ai commencé à appeler le gars "Type de 10 points". Il y avait un autre personnage intéressant que j'ai rencontré à l'école de la bibliothèque. Celui-ci était le sosie de mon ex amour. Quand j'ai reconu immédiatement, mes défenses ont augmenté. La seule différence entre l'amour et cette femme était cette femme chinoise était quinze ans plus âgé. Mais, elle a également été un manipulateur. Il était très bon que je mets en place mes défenses immédiatement. Elle a essayé de me faire pour l'aider avec divers projets, et j'ai toujours joué muet ou tout simplement dit que je n'ai pas eu le temps. Je n'étais pas le pigeon de cette femme.

Il y avait une fille italienne qui j'ai parlé, maigre comme un clou, mais plus doux que le miel. J'aimais lui parler, soulement pour parler.

Il y avait une conversation que nous avons eu sur le film des Spice Girls que j'ai pris mon frère Justice.

"Vous avez vu le film Spice World?" dit-elle, incrédule.

"Ouais.", J'ai dit béat.

«N'êtes-vous pas un peu vieux pour un film comme ça?", Elle a demandé.

«J'ai apporté mon frère cadet du film. C'était pour lui, "dis-je.

"Vraiment?", Elle interrogée.

"Ouais, mais bébé Spice était une jolie.», Rétorquai-je.

Elle se mit à rire, et j'ai pensé qu'elle pensait que je devais avoir une sorte de grand perdant. Cependant, deux semaines plus tard, mes amis de sexe masculin que j'avais dîners avec moi dit: «Vous devriez lui demander de sortir." Je pensais qu'ils venaient d'être favorables, et au moment où je venais d'une petite amie hors de Yahoo! Personals.

Elle s'appelait Jenny. Elle était une étudiante en histoire de l'art, et elle était chérie. Elle était grande, avec les yeux bleus. Notre première réunion s'est tenue à Chinatown où nous avons eu un bon dîner et le chat. Plus tard, nous sommes allés à South Street Seaport, où nous nous sommes assis et avons bavardé un peu plus sur la vie, l'univers et tout sous les lumières du pont de Brooklyn. En fait, c'est comme ça que nous nous sommes rencontrés. J'avais mentionné le titre de le livre du Douglas Adams "Le Guide de l'Auto-Stoppeur de Vie, l'Univers, et Tout". Elle a obtenu le renvoi, et le reste a été l'histoire.

Le deuxième jour, nous sommes allés à était dans Central Park, nous sommes allés autour et puis, finalement, dans un endroit isolé dans le parc de la boîte de dialogue suivante s'est produite.

«C'est sûr, c'est un endroit agréable." Elle dit:

"Bien sûr c'est.", Dis-je. "J'avais l'habitude de jouer tag de vélos ici."

"Qu'est-ce que c'est?" a-t-elle demandé.

"Eh bien, c'est comme si l'étiquette de jeu de l'école primaire, à l'exception d'utiliser les vélos.", Dis-je.

"Ça fait un peu dangereux.", Dit-elle.

"Ouais, eh bien, nous étions un peu téméraire à l'époque." Je lui répondis. "Ecoutez, je tiens à mettre en place quelque chose qui est dans mon esprit."

"Quoi?" a-t-elle dit.

"Eh bien, je ne veux pas que vous pensiez que je suis un mauvais gars. Mais, je vais avoir quelques pensées maintenant .. ", dis-je.

"Je ne pense pas que vous êtes un mauvais gars." Répondit-elle, poussant de plus près.

J'ai pris la queue et l'ai embrassée, profondément. Nous nous sommes assis là pendant une heure embrasser. C'était bien ... Autres dates nous traîner dans Central Park pour aucune raison apparente, la nuit, au milieu de différents domaines, nous parleraient et observer les étoiles et embrasser. Puis, finalement, à la fin du mois, elle m'a invité chez elle. J'avais le sentiment que ce que cela signifierait. J'ai apporté une certaine protection. Nous avons parlé, elle cuisinait, et nous avons batifolé. C'était une belle époque. Mais, je me suis rendu, je ne l'aimais pas. J'étais triste. Mais, peu de temps après notre premier mois ensemble, je lâchai. Je voulais être son amie, mais elle ne pouvait plus me voir. Elle ne me considère pas comme un ami. Elle voulait quelque chose de plus. Au lieu de la conduire et de l'utiliser elle, je pense qu'il serait préférable de la laisser partir.

Pendant que tout cela se passait, mes copains à l'école essayaient de me brancher avec la jeune fille italienne sans me connaître complètement. Enfin, l'un d'eux m'a dit sans ambages: «Will, lui demander de sortir. Elle vous aime vraiment. " Alors, la prochaine fois que je traînais avec la jeune fille italienne nous avons bavardé sur un mec grec qui était fou à son sujet. J'ai ri, et a demandé "Pourquoi ne pas simplement sortir avec lui? Il semble être un bon gars. "

Elle dit: «Je ne l'aime pas, Will. Je t'aime bien.

J'ai dit: «Oui, je vous aime trop. Vous êtes un bonne amie. "

Elle a répondu: «Non, je vous AIME."

Oh !? Dis-je. "Mais, j'ai une petite amie.", J'allais encore avec Jenny à l'époque, et je ne veux pas plus d'une femme.

Elle semblait écrasée. Après cela, les choses n'étaient pas bien entre nous. Dans ma vie, quand il pleut femmes, il pleut torrentiellement. Et puis parce que j'avais rompu avec Jenny, et la jeune fille italienne était hors de ma vie, la vie est devenue assez ennuyeux.

Le dernier semestre, je prenais du Zyprexa qui m'a permis de doubler la quantité d'études que je pourrais faire par jour à partir d'une heure par jour à deux. J'ai décidé de prendre une intro à la classe de programmation Java ainsi que la thèse. Je l'ai très bien dans la classe de programmation Java. Je finis toujours le programmation rapidement, et dans les examens en classe, j'ai toujours eu des scores parfaits. Lors du premier essai, je n'étais pas sûr de mon programme parce que je suis en utilisant le mauvais compilateur. L'instructeur m'a demandé si j'avais des erreurs dans mon code. Je ne savais pas, je ne pouvais trouver aucune. J'ai cherché mon programme beaucoup et n'a rien changé. Une demi-heure plus tard, je lui ai dit, je n'ai pas pu trouver d'erreurs. Il a compilé, et cela a fonctionné parfaitement. Il s'agit d'un A, il a dit, moi. Il avait essayé de me tromper en changeant mon programme! Finalement, j'ai eu un A- dans la classe parce que je n'ai pas préparé pour la finale. Je ne m'inquiète pas à ce point. J'ai appris que j'avais le talent pour devenir un codeur, si je voulais le faire. J'étais heureux à ce sujet.

La classe de thèse était tout à fait une classe difficile en raison du volume de la rédaction, nous avions à faire. J'ai décidé que je ne voulais pas compter sur quelqu'un d'autre pour faire la thèse. Ce fut une bonne chose, parce que mon ami avocat, qui a maintenant son MLS et était à la recherche d'un emploi dans le contrôle entre les scores de football du Royaume-Uni, m'a raconté une pauvre âme qui a été assailli par deux personnes incompétentes. Je savais que le gars en passant. Dix type de point et la femme chinoise qui ressemblait à l'Amour ont travaillé avec lui sur une bibliographie annotée. Il devait faire le travail de les trois. Il avait du travail à faire à cause de cela, et il ne pouvait se débarrasser de ses partenaires. Partenaires d'un projet qui peut être plus de 200 pages peut faire toute la différence. Mon projet a fini par avoir environ 110 pages, et j'ai été heureux avec elle. Durant le dernier tiers de la session, nous étions à la main dans nos papiers à des révisions appropriées. J'ai remis mon papier. Je n'ai jamais eu de nouveau à corriger, jusqu'au jour où il est exigible, et puis il était trop tard. Sabotage! Quelqu'un avait probablement pris sur le tas que je l'ai placé et n'est pas revenu jusqu'à la dernière journée il est exigible, sur le but. J'avais été foutu royalement. J'ai reçu un B- sur le papier, mais ça aurait pu être un A- dans la classe et sur le papier, le professeur Smith a dit. Mais c'est bien, parce que j'ai pu obtenir mon diplôme avec un B-. Je suis maintenant en attente pour le diplôme officiel des Masters of Science Library et la certification de la bibliothèque publique. À l'âge de vingt-huit j'étais un MLS, et hors de l'école de diplômé. Ce qui suit est un minibook j'ai écrit pour aider les gens à l'université en dépit d'une maladie mentale.

Chapitre 12: Seroquel: Force et Avoir Frôlé la Mort

J'étais coincé entre le marteau et l'enclume après l'obtention du diplôme. Je voulais travailler, mais je perdrais mes prestations si je le faisais. Je savais que les allocations étaient nécessaires. Par conséquent, il me semblait que je ne pouvais pas travailler, à moins que je pouvais trouver, un emploi de peu-stress.

Mon nouveau médecin a suggéré un nouveau médicament pour moi, Seroquel, parce que je voulais maigrir. J'étais 190 cm de hauteur et à 127 kg à ce moment-là. Je n'ai pas voir ou sentir en bonne santé. J'étais loin de ma marque de 88 kg de musclé quand j'étais mince au lycée. En remontant les escaliers me faisais fatiguée. Moi, le même gars qui pourraient courir un demi mile en moins de deux minutes. Je n'aimais pas l'embonpoint un peu. Une fois que le médecin a mentionné Seroquel pourrait m'aider à perdre du poids, j'ai l'utilisé rapidement. J'ai pris le Seroquel comme prescrit trois fois par jour. J'ai pris une dose relativement élevée quand j'ai stabilisé sur elle: 600mg par jour, la dose maximum aurait été 750mg/day. J'ai commencé à travailler parce que je commençais sentir moins fatigué. Je l'ai pris facile parce que je savais que je n'avais pas travaillé depuis longtemps. Après quelques semaines, j'ai remarqué que j'étais moins faim. J'avais plus d'énergie. Je me sentais mieux. J'ai rejoint le gymnase de la ville sur Carmine Street. Il était hors l'arrêt du train Houston sur la ligne de train 1. J'ai commencé à faire de la musculation. J'ai utilisé toutes les machines cardio-vasculaires. J'ai couru au moins vingt minutes par jour. Après trois mois de cela, j'étais en bien meilleure forme. J'ai mangé burritos aux haricots au Taco Bell sur West 4th presque tous les jours, parce qu'ils étaient un dollar chacun. Je pouvais les payer.

J'étais aussi plus socialement conscients et actifs. Ma vie consistait essentiellement de voyager autour de la ville sur mon vélo de montagne, faire du sport, et en travaillant. Je me souviens de revenir à un de mes anciens lieux de repaire. Il a été appelé le Cooper Club. J'avais enseigné les mathématiques GED et les cours de science là pendant environ un an lorsque j'allais à l'école grad au Queens College. Je suis allé là-bas pour voir ce qui se passait périodiquement, et je me souviens à traîner dans le laboratoire d'informatique pour un peu de temps. Je cherchais un conseiller avec qui j'avais l'habitude d'être amical. Notre conversation a quelque chose comme suit:

"Hey!", Dis-je.

"Salut, Will! ", a déclaré Mark.

"Comment ça va?", Demandais-je.

"Très bien. Je viens de rentrer avec ma femme d'un voyage à vélo à travers les Etats-Unis. Donc, je me sens vraiment bien. "

Wow. Cela a dû être génial! ", Je enthousiasmé.

C'est vrai.

"Vous savez," dis-je. «Je suis à la recherche d'un copain d'entraînement. Courez-vous? "

"Oui, je le fais.", Il a répondu: «Mais, je ne vais pas courir avec quelque jock».

- Je ne sais pas quoi penser.

«Je vais te voir plus tard", at-il dit.

"Ciao!", Répondis-je.

Maintenant, les gens me voyaient comme un sportif. C'était drôle, parce que je ne me sentais pas comme tel. Je n'étais certainement pas un jock stéréotypé, je n'étais tout simplement un gars brillant qui était dans la forme. Ce fut un moment doux-amer. J'ai été en colère qu'il me insulter.

Dans le même temps je me sentais bien qu'il me associée au fait d'être un athlète, après avoir été en surpoids pendant tant d'années.

J'ai déménagé à Boston pendant un mois au cours de mon temps sur Seroquel. C'était génial, sortir avec mon frère Leaf sur le campus du MIT. Il avait un vieil ordinateur dans son laboratoire que je pourrais utiliser pour simplement naviguer sur le Web. Je me souviens que c'était un ordinateur 45MHz qui a traité Netscape facilement. Ces jours-ci, nous pensons qu'un ordinateur est vieux si elle est en dessous de 1000 MHz ou 1 GHz. Je ne me fais aucune illusion telle. Notre puissance de calcul est au-delà de ce qui est nécessaire pour la plupart des sites et des programmes de traitement de texte, qui sont probablement les programmes les plus utiles que l'on peut utiliser.

Leaf, Dora et moi sommes allés faire du jogging quelques fois. Dora avait une forte petite dame qui allait se marier mon frère. Je me suis senti un peu menacé parce que j'étais en bonne forme, mais la médecine m'a fait arrêtez parfois pendant l'entraînement, et je ne veux pas d'une petite dame de me faire passer faible en face de mon frere Leaf. Leaf, Dora, et je suis allé pour une course de onze kilometres autour de la rivière Charles, un jour, et j'ai séjourné avec des Leaf et Dora à peu près tout le temps. La journée était une journée d'été que ce n'était pas trop chaud, et le ciel était clair et bleu. Leaf a déclaré: «Nous allons accélérer le rythme." Donc nous avons fait. Les arbres le long de la rivière passèrent plus vite que nous avons ramassé le rythme. À peu près au cinquième mile, j'étais dans la douleur. Mais, j'ai gardé le rythme parce que je ne voulais pas Dora à me battre. C'était une chose de macho stupide. Au sujet de la 10eme kilometre, Dora cessé de fonctionner, et je remercie Dieu en privé. Je me suis arrêté au bout d'environ vingt plus avancées, épuisé. J'ai dit: «Ce fut une très bonne course!" Feuille revint à nous, et nous marchions tous ensemble sur le pont de Harvard.

À l'époque, je travaillais pour répandre l'idée que les personnes atteintes de troubles psychiatriques puissent travailler. J'ai mis en place un site web www.geocities.com/rite2work .Sur cela j'ai présenté mes recherches sur la démographie qui montrent que de nombreuses personnes atteintes de troubles psychiatriques voulaient travailler, malgré le système qui les a maintenus en paresse forcée et au-dessous du seuil de pauvreté. J'étais certainement l'une de ces personnes. J'ai envoyé des courriers électroniques en masse aux groupes de discussion de la part Usenet de l'Internet qui demandait aux gens de soutenir le droit de tous les peuples à travailler. J'ai eu plus d'une centaine de personnes à signer la pétition, et puis quelque chose de très excitant qui s'est passé. Il y avait un projet de loi déposé au Congrès qui appuierait les gens ayant des déficiences psychiques à l'obtention de leur retour au travail. J'étais folle de joie, et j'ai commencé à suivre le jour du projet de loi journée comme il a voyagé à travers le Congrès en utilisant www.thomas.gov et les agences de presse libre.

Quelque chose a commencé à changer dans ma perception de la réalité. J'ai commencé à avoir mauvaise humeur. J'ai commencé à me mettre en colère sans raison. Je me souviens d'effrayer ma mère avec la force de ma colère. Depuis plus d'une seconde, qui m'a fait du bien. Mais, j'ai remarqué ma colère croissante et de plus en plus. Il semblait être lié au projet de loi qui allait par le Congrès, que je regardais avec beaucoup d'attention. Finalement, mes cycles d'humeur porteraient sur les nouvelles concernant l'état du projet de loi au Sénat. Il est venu près de jours avant la fin du calendrier des réunions avant l'année prochaine du Congrès. La date limite allait et venait. J'étais désemparé. Ma rage est devenue insupportable. J'ai pensé à moi-même accroché à la George Washington Bridge pour protester contre le traitement injuste du projet de loi au Congrès. J'ai trouvé une force de la colère qui brûlait à l'intérieur chauffé à blanc qui a été inexorablement tourné vers l'extérieur vers le monde, y compris ma famille.

J'étais consumé par la rage. J'étais comme un taureau qui voyait rouge toute la journée. J'avais peur de rien ni de personne. J'ai réalisé que si je n'avais pas moi-même vérifier dans un hôpital, quelqu'un allait mourir par ma main. Je ne pouvais pas laisser cela se produire. D'aller dormir la nuit avant que je me suis arrivé, je croisai les bras en face de mon corps comme une momie. Je ne sais pas ce que cela signifiait pour moi, mais c'était la nuit la plus difficile de ma jeune vie. Je n'ai pas dormi. Mon frère d'onze années partageait la chambre avec moi et j'ai dormi seulement quelques mètres de mon lit. Il ne savait pas rien. Le matin venu, je me dirigeai vers la salle d'urgence

Columbia-Presbyterian, dans l'espoir d'être vu et reconnu avant j'ai fait quelque chose d'horrible.

«Bonjour», dit l'infirmière qui faisait triage.

"Salut," j'ai dit. Elle a fait un apport standard, puis elle a inclus les questions d'admission psychiatrique quand je lui ai dit que je dois schizophrénie paranoïde et je tiens à être admis. Elle a demandé, «Êtes-vous paranoïaque?"

"Non." Répondis-je.

"Pensez-vous que les gens sont là pour vous attraper?"

"Non." Dis-je.

"Eh bien, je ne vois pas comment nous pouvons vous aider aujourd'hui", elle a commencé à dire.

J'ai été consterné: «J'ai vraiment besoin d'être dans un hôpital psychiatrique", dis-je.

«Eh bien, avez-vous des pensées de vous blesser ou d'autres?", At-elle dit, en conclusion.

«Oui, certainement», je fus soulagé de répondre. Tout d'un coup, elle eut l'air surpris et effrayé. Ils m'ont eu dans le domaine de la psych ER. J'ai dépouillé et mis sur une chemise d'hôpital, avec quelques grands gardiens qui me regarder. J'étais heureux qu'ils étaient là. Je ne pouvais pas vaincre chacun d'eux, que je pensais.

J'ai gardé control de mon visage. Je ne voulais pas causer d'ennuis, mais je me sentais comme une bouilloire d'eau qui était sur le point de se défouler. Ils m'ont laissé dans la psych ER rapidement. Je m'étends sur l'un des civières jusqu'à ce que l'un des autres patients ont commencé s'en prendre à un autre. Ils étaient deux gars hispaniques. J'ai dit à l'agresseur, avec un éclair dans l'œil, que s'il voulait rester indemne, il laisserait l'autre gars tout seul. L'agresseur a reculé rapidement quand il a vu que j'étais sérieux. Et, il a été relativement calme pour le reste de mon temps dans le Psych ER.

Un psychiatre est venu m'interviewer. Il m'a demandé pourquoi j'étais à l'hôpital, et je laisse tout ce qui a été refoulée. Les chaudes larmes coulaient sur mon visage comme je l'ai dit au médecin comment j'allais tuer ma famille, et comment je ne voulais pas que cela se produise, ce qui était la raison pour laquelle j'étais là. Il a été choqué, mais il m'a fait tissus, et il m'a rassuré que j'étais au bon endroit. Je n'ai pas reposer tant que ça, mais je me sens mieux dans ma décision.

Finalement, j'ai été hospitalisé à l'unité Eye 6, maintenant déménagé. L'unité a été nommé Eye 6 car il était situé dans le bâtiment de l'Institut des yeux où ils ont fixé toutes sortes de problèmes oculaires. J'étais là pour deux semaines. Tous les médecins appelés au sac bordeaux J'avais l'habitude avec qui faire de exercise comme un "sac de jock", mais d'une manière positive. J'ai prené Klonopin, et il semblait comme un médicament miracle, parce que toute ma colère s'évanouit. Après deux semaines, je suis sorti sur le Klonopin et Seroquel. Les médecins m'ont souhaité bonne chance, comme ils le font toujours.

Après environ un mois à l'extérieur, la colère a commencé à submerger le Klonopin. Il est revenu en force dans un espace de seulement deux jours. J'ai eu peur pour moi et ma famille. Nous étions nord de NYC, et j'ai dit au père que je voulais rentrer à la maison dès que possible parce que ma colère est de retour. Il m'a dit de fermer la bouche, et nous laisserons en une journée. Il était très stupide de le faire parce que j'ai à peine eu une emprise sur ma colère. Donc, je me suis assis dans une remorque, par moi-même, ne rien faire avec les flammes de la colère brûlant dans mon esprit et de la pensée de rien, mais de sortir de là pour un jour. Puis, le lendemain, nous sommes partis de la Catskills, et nous sommes rentrés à New York. J'ai décidé de prenner le Zyprexa. Je suis descendu à la Cinquième Avenue Centre de Counselling et de Psychothérapie, et j'ai poliment demandé au médecin si je pouvais y revenir sur Zyprexa car je préfère sentir comme un zombie que de devenir un tueur. Il me regarda, et peu de temps après que j'ai eu mon ordonnance. Cet homme m'a sauvé la vie. J'ai pris le Zyprexa dès que je le pouvais. Environ deux semaines plus tard, j'étais beaucoup moins en colère. Après environ deux mois, j'ai ne senti pas rien. J'étais de retour à l'engourdissement émotionnel que je savais m'envelopper depuis des années. Pas de joie, pas de douleur, pas de hauts ni bas. J'étais sûr de continuer à vivre aussi bien que je pouvais sans émotion. C'est vrai pour moi, que il vaut mieux ne rien sentir d'une rage de consommer. La rage vous brûler si elle brûle trop chaud.

Chapitre 13: New York City Voices: Trouver Que Je Peux Travailler Encore

J'étais renvoyé de l'hôpital, et je n'avais rien à faire. Je ne pouvais pas aller travailler, parce que j'avais peur que mes prestations médicales seraient emmenés. Je ne pouvais pas non plus exercer parce que le Zyprexa me fait une guimauve. J'ai décidé de revenir à un programme de traitement s'appelle IPRT. Cependant, tuer les vieilles habitudes est dificile . J'ai soumis un article à New York City Voices, le journal de la santé mentale d'une nouvelle antipsychotique que j'étais excité d'essayer. Voici l'article:

Rattraper Zeldox
Publié dans l'édition d'automne 2000 de la Voix de New York
William R. Jiang, MLS

Être un schizophrène paranoïde, j'attends avec impatience avec beaucoup d'autres pour des nouvelles sur la prochaine prévue médicament Zeldox "blockbuster" de Pfizer.

Un peu d'histoire: Le 19 Juillet 2000, le panel consultatif de la FDA a approuvé Zeldox neuf pour un. Je pensais que ce serait une question de semaines jusqu'à ce qu'il soit approuvé. Je découvre maintenant, des mois plus tard, que la FDA ne se déplace pas aussi vite. Pfizer a reçu une lettre "d'approuvabilité" avec des mesures qu'elle doit prendre pour une approbation de la FDA, le 8 Septembre 2000. A ce jour, Pfizer et la FDA sont en discussions en matière d'étiquetage en ce moment. Pfizer veut une bonne étiquette sans une «boîte noire» d'avertissement de risque cardiaque que la FDA peut imposer.

Pour faire un peu de recherche de fond pour cet article, mon premier arrêt a été le site de la FDA au www.fda.gov et clique sur la case "recherche" sur la page principale.Il a ensuite m'a permis de rechercher l'ensemble de leur site pour des nouvelles sur Zeldox. J'ai eu sept pages du Web. L'un des sept pages sûrs a été le véritable document au format PDF que Pfizer a soumis à la FDA pour le renouvellement. Après avoir lu ce document, j'ai été impressionné par ce que une Zeldox semblait être une drogue fantastique. Donc, il semble que Zeldox serait une bonne chose pour moi. Ma prochaine question est: «Quand Zeldox sortir?" Alors j'ai vérifié Dow Jones Interactive à la Bibliothèque de Science et de l'Industrie de la 34e et Madison dans Manhattan. De ce vaste banque de données de connaissance des affaires, j'ai appris que Zeldox est détenu par des problèmes d'étiquetage et serait probablement sur les marchés au début de 2001. Il ne devrait pas être trop long avant que je puisse tenir Zeldox.

Pour garder l'image équilibrée j'ai pensé que je ferais quelques recherches sur le Web. Je suis venu avec quelques statistiques intéressantes. "... patients dans le groupe ziprasidone étaient moins susceptibles de rechuter après 52 semaines, par rapport à ceux du groupe placebo. Environ 70 pour cent des utilisateurs de placebo rechuté, seulement entre 30-40 pour cent de la ziprasidone [Zeldox] Les utilisateurs ont fait (source: www.pslgroup.com/dg/131696.htm).Je ne pouvais pas le croire. Cela sonnait comme un taux de rechute assez élevé pour moi. Voici une autre statistique intéressante: avec une bonne gestion du taux de rechute actuelle est d'environ 9% (source: www.mcg.edu/Resources/ MH/sourcebk/sect2.html).Je ne sais pas où ces gens obtiennent leurs statistiques, mais 9% contre 30% semblais être une assez grande différence. Je suppose que même si Pfizer dit Zeldox est un bon médicament, il est préférable d'être prudemment optimiste. J'ai eu quelques doutes, mais je pense qu'avec l'approbation de mon psychiatre que je serais l'un des premiers dans la queue!

Un jour, au début de 2000, plein d'ennui, alors que je m'attendais à une demande au Programme IPRT à Le Centre d'études supérieures, une fois de plus. Quelq'un.m'a telephoné.

Bonjour. Puis-je parler à William Jiang? ", Dit la voix à l'autre bout de la ligne.

«Parler», dis-je.

"Mon nom est Dan Frey, et j'appelle au sujet de votre article« Rattraper Zeldox. Je pense qu'il est très bon, et je tiens à le publier. "

J'étais folle de joie. Je n'avais jamais été publié auparavant, et ce fut un grand compliment pour moi.

"Aussi, je suis à la recherche de bénévoles.", A déclaré M. Frey. «Seriez-vous intéressé par un poste à City Voices?"

Ah oui ! Certainement. Dis-je.

Dan Frey m'a donné l'information dont j'avais besoin pour commencer à travailler. J'ai commencé à travailler à City Voices trois jours par semaine. J'ai vite appris que New York City Voices, ou "Voix de la Ville», comme on l'appelait, était un programme de l'Association pour la santé mentale de New York parce que nous avons partagé l'espace avec eux. M. Frey est devenu connu comme "Danny" pour moi. Il était très motivée et charismatique que je l'estimais beaucoup à la fois, car il m'a donné une pause, et nous étions très similaire en plusieurs regards. Par exemple, il est allé à Bronx Science, la grande rivale de ma lycee Stuyvesant. Deuxièmement, nous étions tous les deux dans les jeux de rôle que les jeunes. Nous avions tous deux joué Donjons et Dragons. Nous partagions le sang juif. Nous avons tous les deux aimé la bande originale de Conan le Barbare. C'était presque comme si j'avais trouvé un je-une clone de moi, quoique fonctionnement plus élevé parce

124

qu'il était le moins de médicaments. C'était un bon gars.

Danny m'a présenté à l'héritage qu'il continuait. Ce fut l'héritage de l'avocat de la santé mentale aujourd'hui décédé, Ken Steele. Ken était un personnage qui était plus grand que nature. Quand je suis allé à mon premier réunion de Voices du comité de direction de la ville, j'ai été étonné de la vague de soutien pour le maintien de Danny de City Voices de personnes de grande puissance. Il y avait un opérateur central qui a couru le site, un avocat qui a traité avec de grandes transactions immobilières, et un tas d'autres. La réunion a été plein. Leur fidélité à la mémoire de cet homme, Ken Steele, était impressionnant. Je me suis dévoué à la cause d'aider les autres avec des maladies mentales en utilisant des histoires de récupération et le journal comme un moyen de diffuser des informations utiles et en temps opportun à des dizaines de milliers de personnes qui pourraient utiliser une main.

Le prochain article important que Danny m'a demandé d'écrire était sur le Saint Dymphna le saint patron des malades mentaux. Il m'a demandé de l'écrire parce que Ken était catholique, et nous fêtions ses croyances et de sa vie dans cette question de la Voix de la Ville. Voici quelques-cet article, et quelques autres.

Saint Dymphna: Saint Patron aux Malades Mentaux
Publié dans l'édition du printemps 2001 de la Voix de New York

William R. Jiang, MLS

Saint Dymphna dans la légende populaire était la fille d'un chef celtique païen nommé Damon. Dymphna était chrétienne. On pense qu'elle est morte vers 650 après JC Elle courut à la maison avec son confesseur, St. Gerebernus et deux compagnons après la mort de sa mère pour qu'elle puisse échapper à l'intérêt incestueux de son père.

Il existe deux scénarios pour expliquer pourquoi le père de Dymphna a cet intérêt incestueux pour sa fille. Les deux scénarios montrent le roi est devenu fou après la mort de sa femme. Le premier scénario est que après avoir cherché dans tout le royaume pour une femme aussi bonne et belle comme sa défunte épouse, il s'est rendu compte que cette fille était le seul qui pouvait prendre la place de sa défunte épouse. Le deuxième scénario, c'est qu'il a essayé de marier sa fille parce qu'il pensait que c'était la meilleure chose à faire pour la stabilité politique dans ses terres.

Saint Gerebernus, Dymphna, et leurs deux compagnons se sont enfuis à Anvers, et construit un oratoire à Gheel, près d'Amsterdam, où ils vivaient en ermites. Le père de Dymphna trouvés dans un certain nombre de mois, et ses hommes ont mis le prêtre et deux compagnons à la mort, alors que Dymphna a été décapitée par son propre père parce qu'elle refusait de revenir avec lui sur ses terres. Lorsque les corps de Dymphna et Gerebernus ont été découverts à Gheel dans le 13ème siècle, des remèdes pour les épileptiques, les aliénés et les possédaient ont été signalés nombreux. Saint Dymphna est le saint patron des épileptiques et les personnes souffrant de maladie mentale. Ses reliques sont présentées pour guérir la folie et l'épilepsie. Quand la vieille église de Saint Dymphna dans Gheel a été détruit par un incendie en 1489, il a été remplacé par une nouvelle église, qui fut consacrée en 1532.

Sous le patronage de Dymphna, les habitants de Gheel ont été connus pour le soin qu'ils ont apporté à ceux qui ont une maladie mentale. À la fin du 13e siècle, une infirmerie a été construit. Aujourd'hui, la ville possède un premier sanatorium de la classe, l'une des colonies les plus importantes et les plus efficaces pour les malades mentaux dans le monde. Gheel a été l'un des premiers à lancer un programme où les habitants fous mener une vie normale et utile dans les maisons des agriculteurs ou des résidents locaux. La force du culte de Dymphna est mis en évidence par ce travail compassion du peuple de Gheel pour les malades mentaux à un moment où ils ont été universellement négligés ou traités avec hostilité.

Le jour de la fête de Saint Dymphna est le 15 mai.

Entre la rédaction d'articles pour les voix de la Ville et du bénévolat avec des petits boulots au bureau de la voix City, Danny, moi-même, et un tas d'autres seraient sortir pour déjeuner sur les lieux de restauration rapide. Nous aurions probablement préféré la nourriture à d'autres endroits, mais nous n'avions tout simplement pas l'argent. Personnes vivant avec handicap doivent être aussi avare que possible avec leur argent, et aucun aliment n'est aussi pas cher et de remplissage comme un hamburger du McDonald's. Nous aimerions tous aller et avoir des discussions animées sur beaucoup de choses. Cependant, nous avons toujours rentrés à parler de comment nous pourrions contribuer à la mission du journal. J'ai aimé ca de Danny. Il est resté concentré et en point.

Très vite, je publiais mes opinions personnelles et l'histoire de la récupération. Je voulais partager avec le monde du fait que l'on pouvait obtenir mieux d'un trouble mental, être intelligent, et être une personne utile. J'ai écrit les articles suivants dans la même veine de pensée:

L'importance du respect de la médication
Publié dans l'édition d'Automne 2001 de la Voix de New York
William R. Jiang, MLS

On m'a diagnostiqué une schizophrénie paranoïde lorsque j'ai été hospitalisé à la fin de 1992. À l'âge de 19 ans j'ai été mis sur une faible dose de la Navane anti-psycho-tique - 10mg. Je ne pouvais pas supporter d'être sur le médicament en raison de la stigmatisation d'avoir à dépendre de l'anti-psychotiques, donc mon psychiatre et moi avons travaillé ensemble à changer mon dosis à 1mg de Navane un jour et puis finalement 0mg de Navane par jour. Sans surprise, après je suis descendu du Navane j'ai commencé à devenir psychotique. Je pensais que j'étais une nouvelle incarnation du Bouddha parce qu'en partie je prenais une classe bouddhisme et en partie parce que je me sentais un «troisième œil» de l'électricité dans le centre de mon front. Inutile de dire que, trois jours plus tard, j'étais hospitalisé dans un psych ER près de mon université parce que je pensais que les fédéraux americane voudraient mettre-moi en prison, et peu de temps après j'étais sur 40mg de Navane et comme un zombie.

Je n'ai jamais pu à ces faibles doses de médicaments. Pour rêver de monter sur les faibles doses de médicaments est tout ce que je peux faire ces jours-ci. Quoi ne pas faire est de descendre le médicament totalement après que vous avez une panne, parce que si vous faites les chances sont que vous aurez une rechute. Chaque rechute j'ai eu m'a ramené une cheville dans le niveau de fonctionnement. Par exemple, après ma première rechute, j'ai pu lire toute la journée, mais après ma deuxième rechute, il n'était plus possible de le faire. Avant et après ma première rechute, je suis une personne sociale. Après ma deuxième rechute j'ai perdu mes compétences sociales et n'étais pas capable de tenir une conversation que je faisais avant.

Ces jours-ci tout ce que je peux faire est d'attendre et d'attendre de meilleurs médicaments. Je garde les yeux et les oreilles ouverts pour les nouvelles au sujet de nouveaux médicaments anti-psychotiques et d'attendre une «magique» qui va faire des merveilles pour moi. Si j'avais juste resté sur une faible dose de mon ancien Navane, je n'aurais jamais eu à jouer à ce jeu d'attente. Mon conseil à ceux qui ont juste eu un épisode psychotique: utilise votre MEDS et continuer à voir votre psychiatre. Deux personnes sur trois aura besoin de toute façon, et vous ne voulez vraiment prendre le risque de détérioration? Cela ne veut pas dire que vous ne pouvez pas réduire vos médicaments, mais si vous restez sur une faible dose de médicament, il est beaucoup plus sûr que si vous ne prenez pas de médicaments du tout.

Même à rester sur meds, le taux de rechute mensuels sont estimés à 3,5 pour cent par mois. Ce taux de récidive s'élève à 11,0 pour cent par mois pour les patients ayant interrompu leur traitement. En anglais clair, cela signifie patients sont trois fois plus susceptibles de rechuter si elles ne prennent pas leurs médicaments.

Bonne chance, restez bien. Rappelez-vous, la santé mentale est le don le plus important pour une personne avec une maladie mentale.

Moi Enferme, Contre Moi de Bonne Santé
Publié dans l'édition d'automne 2001 de la Voix de New York
William R. Jiang, MLS

J'ai eu des symptômes de schizophrénie depuis 1992, depuis près de dix ans maintenant. Dans le temps après j'ai contracté la maladie, j'ai en quelque sorte obtenu mon baccalauréat en literature anglais et un diplôme d'études supérieures en bibliothéconomie. Sur le chemin, j'ai dû apprendre à concilier le malade moi contre le bien moi. Un des plus avantages que j'ai tenu dans ma vie, c'est connaître dans une certaine manière quand je suis malade, et quand je suis bien. Les degrés sont cool aussi.

Quand je suis bien, la vie est facile. Je n'ai pas à avoir de la patience avec la pensée désordonnée, ou la dépression. Quand je suis malade, c'est une histoire totalement différente. Vivant parfois au jour le jour est une corvée quand vous êtes une personne souffrant de troubles mentaux. Situations qu'une personne «saine» pourrait facilement faire face à devenir insurmontable. Quand ils arrivent à moi et je suis malade, je l'espère pour eux de simplement s'en aller dès que possible. Cette approche de la vie exige plus de patience que j'ai jamais eu à rassembler quand j'étais bien.

Comment ai-je mes diplômes d'études collégiales? Doucement. Je me suis entraîné. Je suis allé à l'école à mi-temps pour ma maîtrise, et a dû faire face à beaucoup de pensées malades. Comment puis-je reconnaître pensées malades et pensées de bon santé? C'est une bonne question, parce que certaines personnes ne réalisent pas toujours qu'ils sont malades, même quand il est évident pour tout le monde autour d'eux. Insight, pour moi, est difficile à trouver quand je suis malade parce que la maladie peut être plus réel que la réalité. Un peu comme un mauvais temps avec les drogues. Je n'ai jamais utilisé hallucinogènes, donc je suppose que c'est la façon dont il doit être.

Comment puis-je apprendre à faire confiance aux gens quand je suis légèrement psychotique? Je peux faire confiance à des gens quand je suis seulement un peu psychotique. Si je devais en profondeur dans la psychose, il n'y aurait pas moyen que je pouvais le faire. Je juxtapose mon présent avec mon passé, et puis je remarque quelque chose aberrante de mes pensées. Un ami les appelle les «poteaux indicateurs». Quand je suis trop négatifs ou trop positifs je le remarque, et il est dangereux. Si je suis trop négatif, je suis généralement très fatigué. La solution miracle? Dormir Se sentant trop bon veut dire que je vais aller dans la mauvaise direction bientôt, donc je avaler une pilule 5mg de Navane et je m'arrête à l'euphorie. Si je me sens paranoïaque et en classe, j'arrive à l'intérieur, prenez le médicament que mon psychiatre a gracieusement prescrit, et dire cela aussi passera, et il l'a toujours fait, finalement. Habituellement, la paranoïa me frappait dans des situations sociales où je terminais mes diplômes, et aussi la nuit. Pour moi, la fatigue physique peut apporter des pensées malades. En réalisant cela, et moi-même stimulation à l'école a vraiment payé.

Une autre astuce que j'utilise pour faire face à ma schizophrénie à l'école est l'épreuve de réalité à travers les autres. Si je vais avoir des hallucinations sensorielles, alors je demande aux gens si ce que je vis est réel. Une question fréquente j'ai eu et ont encore la nuit est, "Sentez-vous la fumée?" L'astuce consiste à croire que la réponse que vous obtenez. Il est difficile de faire confiance aux autres quand vous êtes psychotique, mais si vous savez pour un fait objectif que les gens sains d'esprit peuvent offrir un aperçu, ça aide.

En conclusion, si vous allez à l'école et avez une maladie mentale, ma perle de sagesse serait de garder un certain rythme. Vous pouvez le faire. Je suis malade mentalement et je l'ai fait. Je suis la preuve vivante. J'ai vu des gens intelligents ayant une maladie mentale ne parviennent pas dans les études avancées, simplement parce qu'ils n'ont pas un rythme assez lentement. Aller à mi-temps. En cas de doute, prenez gentil et lent. Il peut être frustrant par moments, mais si vous voulez assez mal, vous pouvez le faire!

Op-ed: Ne neuroleptiques entraver la reprise?
Publié dans l'édition du printemps 2002 de la Voix de New York, William R. Jiang, MLS

Je me suis abonné à un alt.support.schizophrenia news-group, et l'un des sujets graves de la discussion était "Ne médicaments anti-psychotiques entravent notre rétablissement de la schizophrénie?" Il y avait un article paru dans USA Today, 4 Mars, 2002 intitulé «Les médicaments de l'esprit peuvent entraver la reprise" par Robert Whitaker, qui faisait partie de la discussion. Dans l'article M. Whitaker a noté que dans les pays en développement les personnes atteintes de schizophrénie n'ont pas accès aux médicaments, mais ils se sont améliorées! En outre, il a poursuivi en disant que John Forbes Nash de la renommée récente de A Beautiful Mind a cessé de prendre des médicaments neuroleptiques en 1970, et il avait été de mieux en mieux depuis.

Ajoutant à cette vague récente de penser comment les médicaments neuroleptiques sont mauvais pour les personnes atteintes de schizophrénie, j'ai trouvé un article à boston.com intitulé "Groupe suscite un débat sur la schizophrénie" par Ellen Barry, le 3 Mars, 2002. Fondamentalement, l'article montre un groupe de personnes qui ont dit qu'ils allaient probablement prendre des médicaments anti-psychotiques pour le reste de leur vie à soigner leur psychose, mais ils ont connu une rémission complète, la médecine gratuite. Ces personnes chanceuses qui sont entrés en œuvre complète de rémission pour un groupe appelé le National Empowerment Center. L'article indiquait: «Lors de leur Lawrence à but non lucratif, le Centre National Empowerment, ils ont répandu un évangile controversé, dire aux gens souffrant de troubles mentaux et de leurs familles que l'établissement psychiatrique est couché avec eux de leur condition."

Alors, qu'est-ce que je pense à tous ces points de vue anti-psychiatrie? Je me souviens d'une statistique de l'Alliance nationale pour le site Mentally Ill (NAMI) sur la schizophrénie: environ 1/3 aller mieux, 1/3 restent les mêmes, et 1/3 s'aggravent dix ans après leur premier épisode psychotique. Aussi, je crois que par expérience personnelle que le plus tôt vous attrapez la schizophrénie avec des médicaments, plus la dose que vous devez prendre, en général. Qu'est-ce que je pense de Robert Whitaker postulant que «les médicaments de l'esprit peuvent entraver la reprise?" D'abord, je pense qu'il s'agit d'un cas dangereux à faire. Deux, je pense que c'est un argument fallacieux. Parce que vous ne voyez pas les malades souffrant de schizophrénie dans les pays en développement, ne signifie pas qu'ils aillent mieux. J'aimerais lui pour vérifier un peu plus près ses faits afin qu'il puisse citer des statistiques sur le taux de rémission de la schizophrénie dans les pays en développement, et je suis sûr qu'il serait ressemblent beaucoup les statistiques de notre pays, sauf qu'il ressemblerait plus : 1/3 allé mieux, 1/3 sont encore enchaînés à des choses pour ne pas se blesser, et 1/3 sont morts (au moins).

Ce que je pense sur le message de l'Empowerment Centre national que l'établissement psychiatrique est couché sur la nécessité d'un traitement? Je pense qu'il est ridicule et dangereux. Il ya un grand mouvement sur Internet qui tente de dire aux gens que les psychiatres sont couchés à leurs patients, et il est préférable de penser par vous-mêmes si oui ou non vous avez besoin de médicaments. Il ya six groupes que j'ai trouvé sur Internet qui épousent cette position. Deux noms sont la Coalition Antipsychiatrie, et le Front de libération Lunatics. Les médecins savent depuis longtemps que les maladies mentales peuvent entrer en rémission par eux-mêmes, mais seulement pour quelques chanceux. Consommateurs de santé mentale qui vont de pair avec le mouvement anti-psychiatrie sera probablement apprendre par eux-mêmes à la dure que leurs médecins sont vraiment là pour aider. J'ai parlé à mon thérapeute sur ce sujet en séance, et il a dit qu'il ne pouvait pas croire que quelqu'un qui a fait ses études dans le domaine prendrait ces sujets Antipsychiatry sérieux. J'espère que peu de consommateurs de santé mentale possible, se faire antipsychiatrie sérieux.

Après un certain temps de travailler avec City Voices, on m'a donné la tâche d'être le directeur de la publicité. J'ai apporté plus de 6000 $ pour l'émission de 10e anniversaire, et j'ai en moyenne plus de 2000 $ en revenus par numéro. Je me plais à penser que j'ai bien fait dans cette position à cause de mon attitude de service à la clientèle. Je l'ai si bien dans cette position, que j'ai persuadé Danny de me donner le devoir de maintenir la page du Web de Voices. Il n'avait pas été mis à jour depuis plus d'un an, à un moment, et je voulais mettre ça sur mon CV. J'ai travaillé sur le site pour le mettre à jour, gratuitement. Ensuite, je devais obtenir quatre cents par imprime. Je suis satisfait de mes travaux avec City Voices. Danny était un bon patron, et je me sentais comme si j'étais un membre à part entière d'une équipe qui a fait quelque chose d'important. J'ai même apporté une subvention de Eli Lilly 15.000 dollars en raison d'une lettre que j'ai écrit, au nom de Dan Frey and City Voices.

Voici un aperçu de la démographie des lecteurs de City Voices en 2003:
Ville Voix Données démographiques lecteur comme des 3 mai 2003
William R. Jiang, MLS

Comme une préface générale à la présentation de la ville en ligne Voices démographique lecteur, je tiens à vous laisser, nos lecteurs, de savoir ce qui se passe en général avec le site. Nos lecteurs sont de 64 pays à travers le monde, à ce stade, pas seulement de New York City. La plupart de nos lecteurs viennent à nous par Google! Nous prévoyons près de 200.000 résultats pour cette année. Nous recevons notre message d'encouragement à des gens qui ont besoin d'un message positif tout autour du monde! Nous sommes actuellement à la recherche d'annonceurs en ligne, mais l'espace est limité. Pour plus d'informations sur la façon de faire de la publicité avec nous par e-mail moi à kd3qc@ yahoo.com Notre enquête sur la démographie du lecteur a été pendant 3 mois et jusqu'à présent nous avons obtenu 62 répondants. Pour ceux qui ont choisi de répondre à notre questionnaire, merci pour votre temps! Il ya 4 domaines fondamentaux que nous avons demandé. Mental Health Status, sexe, âge, et le diagnostic.

Au coeur de la question. La plupart des lecteurs de la ville de voix sont bénéficiaires en santé mentale, le deux-ième plus grand groupe de lecteurs sont les membres de la famille d'une personne atteinte d'une maladie mentale, et, enfin, sont les professionnels de la santé mentale. Nous sommes à peu près uniformément lu par les hommes et les femmes ayant un biais légèrement masculine. La plupart de nos lecteurs avaient entre 22 et 30 ans, les personnes âgées entre 31-40, 41-50, 51-60 et avaient le même montrant parmi nos lecteurs, et le groupe qui semblait lire en ligne nous était le moins jusqu'à 21 ans du groupe d'âge. En ce qui concerne les diagnostics de nos lecteurs, le groupe le plus important a eu un diagnostic de schizophrénie. Il y avait aussi beaucoup de gens sur notre site en tant que membres de la famille / amis que les personnes atteintes de schizophrénie. Le deuxième plus grand groupe de lecteurs étaient ceux souffrant de dépression, puis les troubles bipo-laires, et nos groupes les moins représentés de lecteurs sont ceux avec les «autres» conditions mentales et schizo.

Sous moi la présence de City Voices sur le web est passé d'environ 5.000 clics par année à plus de 600.000 par an. Il m'a fallu 4 jours ouvrables à temps partiel pour produire chaque numéro de City Voices. Il allait parfois avant l'édition imprimée a été fini avec mise en page. J'étais fier de cette efficacité. Cependant, j'ai pensé que la production du site pourrait être automatisé en quelque sorte. J'en ai parlé à mon frère Feuille, et il a suggéré que j'apprends le langage de programmation Perl. Il m'a fallu environ un mois pour apprendre Perl. J'ai écrit un programme qui a pris fichiers texte spécialement formaté en entrée, et ce serait sortir des pages Web que je pouvais enchaîner pour un produit fini. J'étais capable de générer un site web trente-cinq la page en moins de 4 heures. De plus, j'ai ajouté la fonctionnalité des annonces sur les pages Web, de sorte que nous avons généré l'argent en utilisant le site Web de vente de publicité ainsi. Le site est passé d'une bonne chose qui a obtenu la parole à plus de gens et la génération de prospects pour des histoires et de nouveaux talents à une source de revenus pour le papier.

L'histoire des Voix de la Ville courrait depuis des années.

Chapitre 14: Un Bibliothécaire Est Ne:
Kingsborough Community College

Pour moi, le travail est un élément très important de la récupération. Sans travail, il ya moins de dignité et de respect que les autres et nous donner à nous. Les articles suivants représentent les différentes étapes de ma réintégrer le marché du travail.

Le travail est important dans mon rétablissement
Avoir un emploi est une source de fierté et
d'accomplissement
Publié dans l'édition d'automne 2002 de la Voix de New York William R. Jiang, MLS
Dans toutes mes années de recevoir des soins pour ma schizophrénie paranoïde la meilleure thérapie que j'ai eu c'est le travail que j'ai fait. Je l'ai fait et continue de recevoir la thérapie cognitivo-comportementale individuelle avec un bon thérapeute. J'ai fait la thérapie de groupe à un IPRT (thérapie de réadaptation psychiatrique intensif) qui m'a donné le point de vue que je ne suis pas le seul là-bas qui souffre de cette maladie horrible. L'idée que je suis partie d'un groupe vraiment m'aidé. Aussi, je continue à prendre une combinaison des antipsychotiques typiques et atypiques qui me gardent dans la terre de bon santé.

Il ya quelque chose d'auto-validation quand on a emploi, et cela me donne un sentiment de dignité que je n'ai pas quand je suis sur un emploi. J'ai travaillé pour payer pour la université. C'était une sorte de "Good Will Hunting Will" chose. J'étais un étudiant avec honneurs, et j'étais aussi un concierge. Pensées de travail sur les équations différentielles et le calcul des modèles de régression non linéaires seraient dans ma tête pendant que je travaillais en les salles de bains .

C'était ma situation de l'emploi alors. Beaucoup des années ont expiré avant que je puisse travailler à nouveau. Actuellement, je travaille à temps partiel comme instructeur de l'ordinateur sur au Post Graduate Center West. Tout le monde là-bas est fantastique, et ils se font un vrai plaisir d'aller pour travailler chaque jour. J'enseigne MS Word, MS Excel, MS PowerPoint, MS Access, Windows 95 et 98 systèmes d'exploitation et des connaissances générales en informatique. Nous sommes allés pour une visite à Comp USA la semaine dernière pour apprendre de technologie. C'était amusant. Je serais ravi d'apprendre l'Internet et toutes ses complexités subtiles à mes étudiants, mais actuellement nous n'avons pas les fonds nécessaires pour câbler notre classe. Espérons que, dans l'avenir, nous serons en mesure de le faire parce que je pense que la plus grande habileté informatique unique d'aujourd'hui est de savoir comment utiliser un navigateur Web pour exploiter le World Wide Web.

Merci à le programme expérimental New York Works, un programme conjoint entre le New York State Department of Labor (DOL) et la Social Security Administration (SSA), je peux maintenant travailler! New York Works est ce qui m'a permis de travailler à temps partiel et qui gardent mes avantages, la chose de plus haute importance. Avant de rejoindre New York Works j'étais terrorisé à l'idée d'aller travailler parce que je ne veux pas perdre mes prestations qui me permettent de voir un psychiatre et reçois mes médicaments. Je ne pouvais pas prendre le risque. Les personnes à New York œuvres ont été très favorables à mes objectifs de carrière. Si quelqu'un dans les hautes sphères de l'DOL ou SSA est la lecture de cet article, je voudrais que vous sachiez que vos efforts sont vraiment appréciés et faire une différence!

Le Ticket to Work Incentives Act qui a été adoptée par Clinton le 17 Décembre 1999 ont donné lieu à la réalisation d'un Medicaid buy-in qui a été approuvé à Albany cette année. Cette Medicaid buy-in va donner beaucoup plus de personnes ayant des troubles psychiatriques la possibilité de récolter les fruits du travail: monétaires et autres. Mes vacances d'hiver souhaite à tous mes bénéficiaires de soins de santé mentale collègues est le suivant: que 2003 soit une année de santé, et peut-il être une année de nouveaux commencements en ce qui concerne vos longues ambitions de carrière!

Alors que j'enseignais ordinateurs au troisième cycle, j'allais pour une classe en référence médicale. Je voulais acquérir de l'expérience de référence que je le pouvais. Ensuite, parce que j'étais dans le programme New York Works, je suis enhardi à aller pour emploi dans la science de la bibliothèque. J'ai vu un emploi à Kingsborough Community College en tant que chargée de cours, et j'ai postulé. J'étais heureux d'être rappelé trois mois plus tard pour une entrevue.

Je suis arrivé à la bibliothèque Kingsborough deux heures plus tôt. Je ne voulais pas être en retard à une telle entrevue importante. Je me dirigeai vers le bureau de référence qui a été ouverte par un agréable, plus vieux, bibliothécaire aux cheveux blancs, et elle m'a dit d'attendre dans la bibliothèque jusqu'à ce que j'ai été appelé. J'ai été impressionné par la beauté du campus. Il a été l'un des campus les plus attractifs que j'ai jamais vu, car il était juste à côté du mar, et les jardins étaient si bien gardé. Je pensais, CUNY savait ce qu'il faisait là. J'ai attendu patiemment, en écoutant mon baladeur pour passer le temps avant l'entrevue a commencé. Deux heures plus tard, la bibliothécaire j'avais parlé, qui plus tard, je saurais comme Jeanne, est venue me chercher. Nous avons eu une conversation agréable comme elle me l'a conduit à l'étage dans le bureau de la bibliothécaire en chef à l'étage supérieur de la bibliothèque. La vue depuis le sol était magnifique, mais la vue du bureau de la bibliothécaire en chef était à couper le souffle. Vous pouvez voir sur l'eau, le surf, et le campus magnifiquement entretenu. Ce jour-là était clair et net avec quelques nuages tres blancs dans le ciel bleu. Merveilleuse. Ce qui devait arriver suivante devait être un rite de passage.

Je suis passé devant l'assistante administrative, dans une salle de réunion où j'ai vu six personnes assises. J'ai été choqué quand j'ai réalisé qu'ils étaient tous en attente pour moi. Ils ont posé des questions sur moi pendant l'entrevue. L'entrevue a duré trente minutes. Si j'avais su une salle de conférence pleine de gens qui allaient me entrevue pour le poste, j'aurais été beaucoup plus inquiet et aurait probablement j'ai craqué par la pression. Ils m'ont demandé ce que je faisais, et je mentionné que après avoir donné deux ans de ma vie à une organisation à but non lucratif, City Voices, je suis maintenant prêt à entrer dans la carrière de bibliothécaire, que je m'étais entraîné. Parce que j'étais là, que j'allais faire la meilleure impression que je pouvais. Comme note finale, je l'ai mentionné la beauté du campus était, et j'ai été emmené par Jeanne. Deux mois plus tard, j'ai reçu un appel de Jeanne. Elle m'a offert un poste à temps partiel comme professeur à la bibliothèque de Kingsborough. J'étais folle de joie, et j'ai accepté.

J'ai eu un bon temps de travail au bureau de référence occupé à Kingsborough. Il ya eu des périodes où je répondrais plus de vingt questions par heure. Il y avait aussi des moments où il était vraiment lent. Les étudiants sont venus par vagues. Peu importe, je habités ce bureau et j'ai fait de mon travail bien. C'était vraiment gratifiant que un jour, presque que un mois dans le travail que le Chef de Référence,

Jeanne, me prit à part. Elle me dit que je fais un bon travail et que je "pense" comme un bibliothécaire. J'ai été très heureux d'entendre que d'elle. Cela signifiait beaucoup car elle savait ce qu'elle parlait, et il m'a fait me sentir bien dans le travail que je faisais pour le collège.

Le seul problème avec le travail à Kingsborough était qu'il y avait un total de quatre heures de navettage chaque jour que je travaillais là-bas. C'était vraiment, vraiment difficile de survivre le stress qui est venu à partir de ce trajet. Parce que j'ai travaillé huit jours par jour, je mettais en 12 heures en total, et quand on prend un antipsychotique, il devient plus difficile quand on travailler beaucoup. On est tenté de dormir plus le plus haute votre dose de médicament, et alors que je n'étais pas prener une dose très forte, je me suis senti somnolent tout le temps.

Après un an de travail à Kingsborough, j'ai décidé de passer à autre chose. J'ai cherché un emploi près de chez eux.

Chapitre 15 Career Combiné avec Aider les autres à ma Place: La Institut Psychiatrique d'Etat de New York

Suivre à mon travail à Kingsborough Community College, il y avait un trou dans mon emploi. Je suppose que j'aurais dû être à la recherche d'un emploi tout en Kingsborough, mais je ne l'ai pas. J'étais encore Webmaster pour New York Voices, temps partiel, et environ deux mois après avoir cessé de travailler à Kingsborough, j'ai vu un article qui devait monter sur le page du Web de City Voices . Cet article a été concernant une bibliothèque spécialisée à La Institut Psychiatrique d'Etat de New York qui traite de l'éducation et de fournir un aperçu aux personnes souffrant de troubles mentaux. J'ai été intrigué parce que ce genre de travail est ce que je faisais avec City Voices. J'ai appelé le numéro qui a été inclus dans l'article, et j'ai parlé à un travailleur social qui était travaillé à la bibliothèque. Je lui ai demandé s'ils avaient un bibliothécaire. Il a dit qu'ils ont des gens qui tenaient la bibliothèque, mais ils n'ont pas un employé avec le licence de Masters of Library Science. Mon cœur bondit. J'ai demandé qui je pouvais parler de demander à être bibliothécaire de la Bibliothèque pour patients. Il m'a donné le numéro de la chef de travail social: Helle Thorning. Je l'ai appelée et elle m'a demandé de faxer mon CV et lettre de motivation avec des lettres de recommandations. J'étais heureux de le faire. J'ai touché mon CV et j'ai écrit une brève lettre de motivation bien conçu. J'ai contacté mes anciens collègues pendant au Kingsborough, et ils étaient heureux de donner des recommandations élogieux. Tout était en ordre. J'ai envoyé mon CV, lettre de motivation, et des recommandations par fax, et j'ai attendu.

Environ un mois plus tard, j'ai été invité à un entretien à l'Institut psychiatrique (PI). Je me suis préparé pour l'entrevue en achetant une cravate de puissance qui était d'un bleu métallique avec un code binaire blanc écrit sur elle. J'ai pensé qu'il avait l'air cool et assez conventionnel. Je suis allé à PI et j'ai attendu Helle dans le bureau de travail social à 8h30. Helle entra, et elle était grande, mince, une femme caucasien d'âge moyen. Elle avait un visage agréable et son comportement avec les yeux animés. Elle me sourit et me demanda de la suivre. Je l'ai fait. Et elle m'a dit que je serais interviewer avec elle et la tête de l'ergothérapie et de loisirs: Matt Gold. Nous avons attendu pour lui dans une pièce désignée pour les familles des patients au cinquième étage. Il y avait art classique et de photos sur le mur. Je me sentais bien sur mes chances de obtenir cet emploi. Helle et j'ai fait un peu de conversation, et un peu plus tard Matt Gold entrèrent dans la salle. Matt est un grand homme dans le corps d'un homme de petite taille. C'est la meilleure façon de décrire son aura. Il était d'âge moyen et de race blanche, un homme intelligent, qui sourire facile et leur yeux entendus. Helle et Matt m'a interrogé pendant une vingtaine de minutes. J'étais confiant dans ma compétences en sciences bibliothèque, et je savais que mes anciens collègues à Kingsborough me soutenir. Ils m'ont escorté hors du bâtiment après l'entrevue. Je les ai remerciés, et j'étais sur mon chemin. Ils ont dit qu'il faudrait un certain temps avant de pouvoir revenir à moi, et qu'il serait modérément difficile d'obtenir le poste parce qu'il n'existait pas encore.

Un mois a passé, et je n'avais pas entendu parler d'eux. J'ai téléphoné Matt et Helle pour leur faire savoir que j'étais encore intéressé par le poste, et je leur ai demandé si je n'étais encore qu'un candidat? Helle semblait heureux que j'ai appelé. Matt m'a dit que oui, j'étais encore un candidat. Quatre mois se sont écoulés. Matt m'a appelé, il m'a dit que je devais venir visiter Helle 08h30 lundi. J'ai eu le job.

La première chose que j'ai faite après avoir repris la bibliothéconomie au PI était de concevoir un site Web pour la bibliothèque. Il n'a pas vraiment un beau site. J'assemble quelque chose ce week-end. Il avait l'air assez professionnel qui m'a fait plaisir. Ensuite, je pensais que mon frère Leaf pouvait me programmer un catalogue de livres sur le Web. Mais non. Il n'y avait pas assez d'argent dans le budget de la bibliothèque. Alors, j'ai trouvé une entreprise appelée Librarycom. Ils avaient OPAC (catalogues web basés sur le Web), vous pourriez utiliser pour un dollar par jour. J'ai aimé le prix. Je me rendis à cataloguer la collection de cinq cent livres. Il a fallu environ un mois pour terminer le travail. Cependant, après que j'eus terminé, j'ai eu une présence sur le web avec une collection de livres spécialisés qui pourraient être chercher de n'importe où dans le monde.

Pendant que je faisais la conception de sites Web et de la planification, j'ai gardé la bibliothèque ouverte à tous. J'ai trouvé que les meilleurs débouchés éducatifs pour les matériaux de psychoéducation était le NIMH (National Institute of Mental Health) et NARSAD (Alliance nationale pour la recherche sur la schizophrénie et la dépression). J'ai commandé de nombreuses brochures à partir de ces sources à distribuer à ceux qui souhaitent en apprendre davantage sur les maladies mentales. Aussi, je distribuais City Voices dans de l'institution comme service à nos patients. J'ai aussi apporté un chariot de livres sur les unités trois fois par semaine. J'ai apporté des livres en anglais et en espagnol, ainsi que les matériaux de psychoéducation. Matt et Helle étaient très agréable. Ils étaient toujours disponibles pour conseiller ou orienter si nécessaire. J'ai présenté ce que je faisais au Comité de psychoéducation réunion par mois, où nous avions la tête de l'action sociale, la tête de l'ergothérapie et de loisirs, chef des soins infirmiers, et d'autres personnalités importantes de la communauté de l'hôpital. Au début, il était un peu intimidant de présenter ma bibliothèque en face de ces gens, mais je l'ai pris dans la foulée, et maintenant, j'ai de bons sentiments à l'égard de ces personnes. Nous sommes une équipe qui est là pour aider les patients et leurs familles avec leurs besoins psychoéducation.

Tout allait bien. Alors, mon catalogue de livres était indisponible pendant six mois parce qu'un chèque était détenu par le bureau d'affaires. Alors, j'ai décidé de programmer mon propre catalogue de livres en utilisant PHP et MySQL. Après avoir étudié le PHP j'ai programe le catalogue. Un bénévole a entré les données du répertoire dans une base de données MS Access, et lorsque la saisie des données a été faite, j'ai exporté les données dans un format texte des points-virgules, et ai téléchargé sur mon serveur. Et cela a fonctionné! J'ai aussi pris de la collection vidéo spéciale, annotée et en a fait des recherches par mot-clé. Finalement, j'ai développé, et je continue à développer une liste de liens très utiles qui sont utiles à ceux qui ont une maladie mentale, et ceux qui les soignent et leur sujet. Tout a été traduit en espagnol. Maintenant, le site est une ressource très utile en soi, distincte de la collection physique.

C'est à ce moment que j'ai décidé d'écrire un autre article pour City Voices exprimer mes sentiments envers mon travail et les gens avec qui je travaillais.

La Bibliothèque des Patients et la Famille à Washington Heights: Aider les Consommateurs Comme Leur Bibliothécaire est Très Gratifiant
Publié dans l'édition du printemps 2007 de City Voices de New York
William R. Jiang, MLS
Je travaille à temps plein comme bibliothécaire pour

la bibliothèque pour les patients de la Institut de la etat de New York. Je le fais bien pour quelqu'un dans la mi-trentaine qui a été diagnostiqué comme un schizophrénie paranoïde dans adolescence. J'attribue beaucoup de mon rétablissement au fait que je travaille en étroite collabo-ration avec mes psychiatres, et je garde un œil sur mes symptômes. De cette façon, si je sens que j'ai besoin d'être hospitalisé, je viens de faire. Si je dois régler mes médica-ments, je le fais tout en laissant mon psychiatre sait. En général, elle est d'accord avec mes décisions, et je le suis ses conseils. Nous sommes une équipe.

Au Bibliothèque Des Patients et Eux Familles, nous nous concentrons sur "psychoéducation" pour le gens qui combat une maladie mentale. La psychoéducation est une forme de traitement de la santé mentale qui comprend des éléments de éducation et la psychothérapie de groupe. Je vous remercie de l'attention que je reçois plus que je peux voir le côté professionnel de la santé mentale des choses plus clairement, et je me suis engagé à mon rétablissement en cours.

Matériaux psychopédagogiques dans notre bibliothèque des livres, des brochures, vidéos, périodiques et ressources Internet. Nos clients cibles sont les patients psychiatriques, les membres de la famille ou des personnes qui s'occupent d'autres personnes qui ont une maladie mentale. La biblio-thèque est particulièrement utile chez les patients qui ont récemment eu leur "première pause" de la maladie mentale et qui sont encore s'orientent à la réalité d'avoir des trou-bles mentaux graves. Les stagiaires du travail social tendre la main à ces patients avec des vidéos de la collection de la bibliothèque de diriger des groupes qui étincelle perspicaci-té et la compréhension. Laisser sortir de l'hôpital et dans la communauté est facilitée par l'idée que les patients obtien-nent des documents de la bibliothèque.

Perspicacité est le facteur le plus important qui m'a aidé à faire face à ma maladie. Cinquante pour cent des personnes atteintes de schizophrénie ne se rendent pas compte qu'il ya quelque chose de mal. J'encourage les gens à obtenir les traitements médicaux et sociaux dont ils ont besoin pour mener leur vie au maximum.

Le site de Web de la bibliothèque a des liens de beaucoup de valeur pour les New-Yorkais ayant des problèmes de santé mentale. Ils peuvent obtenir une éducation gratuite, l'aide juridique, l'orientation professionnelle et bien plus encore. Le site est http://nyspi.org/Kolb/nyspi_pf_library/spanish_index.html ou composez le (212) 543-6713 pour plus d'informations.

Au début de ma carrière à l'Institut Psychiatrique, Matt m'a dit que j'ai pu participer à un cours d'espagnol offert par le departement de éducation et la formation. J'ai eu le plaisir d'apprendre l'espagnol à PI pendant environ trois ans maintenant avec un grand instructeur nommé Carmen Banton. J'ai vraiment prospéré sous son instruction, et je me sens chanceux d'avoir eu la chance de devenir bilingue avec son patient, aimable aide. Elle m'a inspiré pour prendre des instructions formelles en espagnol au City College. Je suis maintenant au terminus du niveau intermédiaire d'espagnol. Je ne peux parler presque aussi bien que j'écris, et je prends toutes les chances que je peux pour s'exercer à parler avec les gens de Washington Heights. La classe d'espagnol a également été une occasion sociale pour moi. C'est vraiment bien d'avoir le point de vue du journal espagnol El Pais, car il n'est pas américain. C'est international. Je peux dire que l'apprentissage espagnol a élargi mon esprit, et il m'aide à aider les gens dans mon hôpital dont les besoins English.

J'ai rencontré un chercheur dans le cours d'espagnol que je considère comme l'un de mes meilleurs copains, Christoph. C'est un scientifique allemand très grand. J'aime ce que je peux vraiment "lever les yeux" à cet homme. C'est un jeune, chercheur de superstar ici au PI, et je suis heureux de dire qu'il a juste obtenu son propre laboratoire. Je l'ai aidé à choisir son premier ordinateur. Nous sortons souvent pour le déjeuner, et je suis fier d'appeler cet homme mon ami.

Un autre homme que je considère comme un ami ici est nommé Jack. Il travaille avec le département de travail social, et il voit à ce que tout se passe bien là-bas. C'est un homme qui a la tête sur les épaules. Il est un gars Puerto Rican qui est un peu plus âgé que moi. Je le connais depuis que j'ai commencé ici au PI, et nos conversations vont de la dernière vidéo de You Tube, à ce que nous avons fait le week-end, à la politique et plus encore. De temps en temps je pratique mon espagnol avec Jack, mais en général nous parlons en anglais. Il est bon connaître.

Une autre personne avec qui je socialiser au PI est le bibliothécaire de la bibliothèque du personnel, David. Je l'ai aidé à concevoir la page principale de sa bibliothèque depuis deux ans. Il est toujours en place, et nous manger le dejuner ensemble beaucoup. Nous parlons de jouer au basket, la politique, la bibliothéconomie, la programmation et l'informatique. David est très bien informé sur la bibliothéconomie médicale en général, et il connaît la structure de l'information psychiatrique comme personne d'autre que je connais.

Il ya un certain nombre de personnes sur l'unité du Sud 4 avec qui je suis amical: Chuck, Marion, Eddie, Anna et Mark. Nous prenons le déjeuner ensemble, et j'apprécie leur compagnie. Qu'est-ce que je peux dire, avec tous ces gens sympathiques, c'est un plaisir de visiter leur unité et de travailler avec eux.

J'ai rencontré beaucoup de bonnes personnes ici au PI. Ils font ma vie plus riche, et je suis heureux de constater que tous ces gens travaillent dur en équipe pour essayer de rendre la vie meilleure pour les personnes ayant des problèmes psychiatriques. Quand on est malade, on se sent souvent c'est tout à leur sujet et de leurs problèmes, et les professionnels ne se soucient pas. Ce n'est pas le cas dans la grande majorité des travailleurs. Les gens avec qui j'ai travaillé sont des individus très attentionnés dont la mission vie tout en travaillant dans cet environnement était de faire le meilleur travail possible par leurs clients.

À l'heure actuelle, je aide et enseigne l'espagnol conver-sationnel au PI avec mon professeur et mentor Carmen, qui est une source d'inspiration pour moi. J'ai travaillé avec le directeur de la clinique Dr Inwood Dragatsi sur une vidéo psychopédagogique en espagnol sur la schizophrénie. J'ai travaillé directement avec MTV pour obtenir leur "True Life: j'ai la Schizophrénie" et d'autres videos pour nos patients pour notre collection psychoeducatonal. Je pense qu'ils ont fait un très bon travail sur la vidéo.

L'initiative de que j'étais plus fier de diriger était un programme de sensibilisation sur les incitations au travail à New York. Malgré les programmes WIPA (incitations au travail Planification et Assistance) à New York et dans le pays, très peu de gens savent comment les gens souffrant de maladies mentales peuvent retourner travailler et garder leurs avantages. Quand j'ai demandé à la plupart des direc-teurs des établissements de santé mentale à New York s'ils avaient entendu parler des programmes WIPA, en general ils ont répondu qu'ils n'ont pas. Donc, il était bon que je l'ai pris sur moi d'appeler des centaines des installations à New York pour leur faire savoir comment leurs patients puissent retourner au travail. Aussi, j'ai créé un site web pro-bono pour les programmes

WIPA à New York qui donne l'information clairement dans les cinq arrondissements et au-delà. J'ai écrit à ce sujet dans City Voices:
Le travail est Maintenant possible Merci à WIPA: Rejoignant la Main-d'œuvre
Publié dans l'édition du printemps 2008 de la Voix de New York
William R. Jiang, MLS

Une fois on m'a diagnostiqué une schizophrénie paranoïde en 1992, il avait dix ans avant que je sois en mesure de rejoindre le marché du travail à nouveau. Je ne voulais pas perdre mes prestations médicales à cause du travail. Ce qui m'a permis de retourner au travail est un programme d'incitation au travail comme WIPA. Le travail de base pour les programmes WIPA (incitation au travail Planification et Assistance) a été posée avec un soutien bipartisan au cours de l'administration Clinton. Le projet de loi, je me réfère à ce qu'on appelle le Ticket To travail et travail Loi sur l'aménagement d'encouragement de 1999.

Je travaille maintenant comme bibliothécaire à la patiente de l'Institut Psychiatrique NYS et la bibliothèque de la famille (http://nyspi.org/Kolb/nyspi_pf_library/index.html). Je tends la main à de nombreux établissements de santé mentale NYC par téléphone, NAMI NYC Metro et City Voices de passer le mot qu'il est possible pour nous d'obtenir un bon emploi.

Les programmes d'incitation au travail WIPA servent d'intermédiaire entre la sécurité sociale et le travailleur, permettant au consommateur de santé mentale au travail. Un des programmes les plus excitantes que la WIPA peut aider à Medicaid est le buy-in. Avec ce programme, dans l'État de New York, le travailleur peut acheter Medicaid et avoir un revenu brut plus élevé que 53 028 $ pour un particulier et 71 028 $ pour un couple. Il ya d'autres grandes incitations au travail pour les travailleurs. Vous pouvez communiquer avec les bureaux WIPA pour plus d'informations.

J'ai travaillé avec des écarts d'acquisition, la Fondation de recherche pour l'hygiène mentale (RFMH), et la City University of New York (John F. Kennedy, Jr. Institute), à mettre en place un site web «one-stop-shopping" qui le rend facile pour les personnes se renseigner sur les programmes WIPA dans cinq arrondissements de New York. Le site est hébergé à http://www.kd3qc.com/nyc_wipa . Bien que ce site met spécifiquement WIPA à New York, elle peut conduire les gens partout dans les Etats-Unis à leurs programmes de WIPA respectifs.

Pour ceux qui n'ont pas accès à Internet, aux numéros suivants peuvent vous aider à communiquer avec un bureau WIPA: Brooklyn WIPA, téléphonez au: 718 - 246-7855, Queens WIPA appel: 718-786-2594, Manhattan et Staten Island appel WIPA: (212) 385 - 3030 x 3139, et pour Bronx WIPA composez le (212) 652-2030.

J'ai dialogué avec des gens incroyables à PI. J'ai parlé avec le lauréat Nobel Eric Kandel dans le complexe médical. J'ai entendu d'abord lui parler en vidéos éducatives j'étais annoter pour la bibliothèque. Les vidéos ont été dans la série Healthy Minds par le Dr Jeff Borenstein et NAR-SAD qui ont été initialement diffusée sur le canal 21 à New York City. Dr Kandel a contribué à trois des vidéos qui sont entrés en 2006 dans la série Healthy Minds: Healthy Minds: La dépression de Mike Wallace, Healthy Minds: Dépression Partie 2, et Healthy Minds: la Maladie d'Alzheimer. Donc, je savais à quoi il ressemblait, et je l'ai vu autour

151

de l'institut régulièrement. Un jour, j'étais dans un ascenseur avec lui, et je lui ai dit que nous avons des vidéos qui comportent des entretiens avec lui et qu'il est comme une rockstar dans la bibliothèque pour les patient. Je lui ai fait rire. Cela m'a fait du bien, parce que le rire est un véritable connexion humain.

J'ai travaillé à l'Institut pour proche de trois ans quand j'ai eu un visiteur inattendu. Celui qui était très important. Dr. Lieberman, le directeur de PI et Psychiatrie de Columbia entre autres titres superlatifs, est venu à moi et ma bibliothèque un clair de jour de printemps visiter. J'avais serré la main durant d'un événement, et je l'avais vu autour de l'Institut à quelquefois. J'ai eu l'impression qu'il était un gentleman à la voix douce qui savait comment se conduire. Quand il est venu me rendre visite à ma bibliothèque, j'ai été impressionné par sa taille. Il était sur ma taille, mais mince. Dr. Lieberman est un homme de race blanche qui a un air d'autorité et de décision. Il est l'auteur de nombreux articles sur les maladies mentales, especialment schizophrénie . Il a apporté deux autres personnes avec lui, le chef de la sécurité de l'Institut et une autre dame que je connais à vue. J'ai réagi avec surprise à sa présenter à la bibliothèque sans préavis. Il a répondu qu'il aime garder les gens sur leurs orteils. J'étais heureux de lui donner une visite de la bibliothèque physique: la collection de livres, la section des périodiques, les brochures, l'ordinateur et la chambre av, et la collection de vidéos. Il m'a demandé si nous avions un film intitulé «Vivre avec la schizophrénie". J'ai dit: «Je crois que oui. Il semble familier. " Et je suis allé à la collection de vidéos et rapidement sorti la vidéo à partir d'une étagère. Il semblait satisfait de tout, et il est parti aussi brusquement qu'il est venu.

La deuxième épreuve du feu que j'ai vécu au PI était lorsque le Dr Lieberman et le commissaire à l'Etat du Bureau de New York de la Santé Mentale, le Dr Michael

Hogan, sont venus visiter ma bibliothèque. On m'a dit jours à l'avance de ces deux puissances peut-être rendre visite à ma bibliothèque. Laurie était celui qui me l'a dit. Elle travaille avec de nombreux grands programmes de l'Institut, mais je la connais par le comité de psychoéducation. Elle devait être l'une des personnes ponctuelles pour la visite de M. Hogan. Laurie a déclaré plus tôt dans la journée qu'il était d'être là et qu'il peut ou ne peut pas venir. L'incertitude m'a donné stress. Au moment où il était censé venir à la bibliothèque, à midi, il n'a pas fait. Je pensais que j'étais hors la sellette. Cependant, Laurie m'a dit qu'ils essaieraient de le faire venir ici à ma bibliothèque de toute façon. Il s'est avéré que, un peu après 14 heures Laurie est venu marcher dans la bibliothèque, rapidement, «Ils sont juste derrière moi." At-elle dit, avec un peu de pression dans sa voix. Dr. Lieberman et le Dr Hogan entra dans la pièce. J'étais dans un état de choc. "Bonjour, M. Lieberman. Bonjour, M. Hogan. " J'ai réussi à sortir de ma bouche. J'ai montré le Dr Hogan la bibliothèque, comme j'avais pour M. Lieberman proche d'un mois plus tôt. Dr. Hogan est au moins 6'4 ", et il a fait une figure imposante, même si je suis sûr que ce n'était pas son intention. J'ai parlé de notre participation à la Marche NAMI en 2007 et nos événements communautaires qui se mélangent un film avec un contenu psychopédagogique et une table ronde d'experts. Il semblait connaître tout ce que je parlais déjà. J'ai été impressionné. J'ai mentionné le fait qu'un chercheur qui traite de la remédiation cognitive serait bientôt là. Il semblait être intéressés à en apprendre plus sur ce que nous faisions en ce qui concerne la remédiation cognitive. J'ai décidé de lui demander s'il avait vu un article qui m'a paru intéressant. L'article était intitulé: Une méta-analyse de la remédiation cognitive dans la schizophrénie »dans American Journal de Psychiatryde Décembre de 2007 . Je pensais que ce serait un article important d'en parler lors de la discussion du sujet. L'article a montré une légère amélioration chez les personnes atteintes de schizophrénie lorsque ce type de thérapie a été appliquée. Commissaire Hogan a indiqué qu'il avait vu l'article, et puis il a discuté de l'article brièvement avec moi. J'étais heureux de le faire. Après ce qui semblait une minute éphémère, à la fois le Dr Lieberman et le commissaire Hogan ont salí. Apparemment, le commissaire Hogan a besoin de revenir à Albany. Matt clin d'œil et me dit: «Bon travail!" Je vous sentais mieux après avoir ecouté ca de Matt. Il m'a mis plus à l'aise. Et j'ai été heureux de voir que j'avais encore un emploi à la prochaine évaluation de la performance. J'ai pris cela pour dire que je faisais quelque chose de bien.

Quand j'étais un étudiant, j'ai écrit un article sur le livre Siddhartha par Herman Hesse. Une des questions que j'ai écrit sur était la suivante: comment le Bouddha serait dans la vie moderne? Quel travail faisait-il? J'ai écrit que, au lieu de convoyage personnes avant en arrière comme il l'a fait dans Siddhartha, il serait probablement travaillé comme un collecteur de péage sur le pont George Washington. Il aiderait les gens à traverser la rivière à l'éveil d'une manière différente parce que c'est un âge différent. Comme une étrange coïncidence, mon travail a une belle vue de ce pont, la rivière Hudson, et les Palisades. Parfois, lorsque la bibliothèque est un peu lent je regarde sur le pont, et je pense que, en aidant les gens apprennent à connaître leurs maladies mentales, je contribue à leur épanouissement. C'est une coïncidence intéressante que je me suis retrouvé avec la vue sur le pont et que j'aide les gens à atteindre d'eux-mêmes à quelque chose qui peut être difficile à atteindre, mais très précieux envergure pour leur santé. Je souhaite à tous ceux qui ont ramassé ce livre et de le lire, de santé et de bonheur, comme je le souhaite à tout le monde qui marche à travers la porte de ma bibliothèque.

Epilogue

Je n'ai pas écrit beaucoup sur mes quatre frères dans ce
petit livre: James, Chung, Leaf, et Justice. C'est parce que
j'avais besoin d'un livre pour parler de tous les bons moments que j'ai eues avec ces gars-là. Tout au long de ma
vie, ils ont eu une présence bienvenue. Je peux honnête-
ment dire que mes frères ont été les meilleurs amis que j'ai
eus dans ma vie. J'ai essayé d'être là pour eux car ils ont
été là pour moi. Chung, peu importe comment je me sentais désespérée, était là pour moi quand j'étais découragé.
Il a eu beaucoup d'influence dans le cyclisme et l'intellect.
Leaf et j'ai fait deux siècles, qui sont une voyage de une
centaine de miles par bicyclete, lorsque nous étions jeunes.
Nous avons adoré aller vite sur nos vélos vieux. Cet amour
inconditionnel pour le vélo était l'influence de Chung. Nous
lisons aussi la science-fiction beaucoup et la littérature fantastique comme la série de Dune par Frank Herbert, la série
Eternal Champion par Michael Moorcock, le Mythe Series
par Asprin, la série de les Incarnations de l'Immortalité par
Piers Anthony, la série Xanth également par M. Anthony,
la série d'auto-stoppeurs par Douglas Adams et beaucoup
plus de livres. De plus, le jeu de rôle était amusant. Nous
avons lu et absorbé plus de dix livres juste pour apprendre
à jouer la Donjons et Dragons. Leaf a été un meilleur ami
et plus encore. Je souhaite à la famille, il a commencé avec
sa femme Dora beaucoup de santé et de bonheur. Leurs
deux garnements sont les plus mignonnes petites filles:
Vicki et Cindy. Je sais que mon frère fera de son mieux
pour prendre soin de chacun d'eux. J'ai été l'honneur de
voir la croissance de mon petit frère Justice du bébé à une
intelligence raisonnable jeune homme qui est tres fort, qui
est presque hors de ses années d'adolescence. Il me rend
fier. Ma sœur aînée Ching et ses deux enfants Jessie et
Jodie font définitivement partie de ma psyché, comme son

défunt mari David, qui vit dans nos cœurs. David était très bon pour moi, n'importe que nous n'étions pas associés au sang. J'espère qu'il est dans un endroit meilleur, et il peut regarder avec fierté comment Ching et ses deux jeunes fleurs, ses filles fleurissent. Les jours que nous avons joué au basket-ball sur les terrains ensoleillés de Manhattan sont quelque chose que je n'oublierai pas. Même si je suis sur le thème du sport, je dois mentionner que le jeu de handball sur les tribunaux de Manhattan étaient quelques-uns des meilleurs moments de ma vie. J'ai présenté Leaf et la Justice au sport. Tous deux ont été mieux que moi les deux ont pu être pire. La seule chose qui comptait, c'était le temps de qualité que nous avons tous passé ensemble, forger les liens de fraternité. Je n'échangerais pas le temps que j'ai passé avec ces gars-là pour le monde.

Je m'ennuie de mes amis de l'école secondaire aujourd'hui. Je les laisse aller entre le lycée et l'université parce que je pensais qu'ils seraient une mauvaise influence sur moi académique. C'était peut-être vrai, mais ils peuvent m'ont gardé plus en équilibre, j'avais gardé le contact. Ils étaient bons, et même si je n'ai pas vu beaucoup d'entre eux à dix-huit ans, ils sont dans mes pensées, de temps en temps. Je souhaite à tous d'entre eux le meilleur.

Ils disent que vos amis sont votre fortune. A ce stade de ma vie, je me sens riche. J'ai des amis au travail et en dehors du travail. Les amis au travail font le jour passent plus vite. Ils sont de bonnes personnes, et je suis fier de travailler avec eux au service de nos clients, des patients. Les amis que j'ai sorti de l'hôpital sont une aubaine sur les jours j'ai libre. Mes amis sont en ligne bon pour sortir avec quand je suis détendre à la maison. Je ne suis jamais seul, et je l'aime de cette façon.

Quel avenir? Personne ne connaît l'avenir. La seule chose qui est certaine, c'est le changement. Notre société est en quelque sorte une société de progrès, au moins dans les sciences. Les médicaments, les thérapies et les connaissances de la maladie qui m'a tourmenté pendant seize ans est de plus en plus avancé par jour.

Avec le recul, je pense que mon équipe et moi de traitement fait des erreurs, mais peut-être que je peux aider certaines personnes ne faire pas les mêmes erreurs.

Une fois le diagnostic de schizophrénie, je n'aurais jamais pu voir le jour avec les médicaments antipsychotiques, parce que je pense que j'aurais été mieux. Il peut ne pas sembler que je suis plus handicapé que après mon premier épisode de la lecture de mon livre et voir quelques-unes de mes réalisations. Cependant, la vérité est que avant que je sois enlevé les antipsychotiques, j'étais beaucoup plus en mesure de lire de grandes quantités d'informations et de se concentrer. Même sur les médicaments avant mon deuxième pause, j'ai pu lire à la fois Sire Gauvain et le Chevalier Vert et Sun Tzu L'Art de la Guerre dans une journée chacun ainsi que d'autres livres. Maintenant, chaque livre prendrait plus d'une semaine à la fin. J'ai raté mon niveau d'avant la force cognitive.

Le directeur de la New York State Psychiatric Institute, le Dr Lieberman, renforce mon point de vue dans une expérience qu'il a eue lors du traitement d'un jeune homme souffrant de schizophrénie. Bien que j'aurais ma rupture psychotique plus tard, cette histoire est très pertinent à l'idée que les personnes souffrant de schizophrénie doivent rester sur leurs médicaments. La transcription suivante du discours d'acceptation du prix Lieber a été donnée par le Dr Lieberman en 2006. Il apparaît dans mon livre gracieuseté de NARSAD:

«Je voudrais vous raconter une petite histoire sur la façon dont il m'est arrivé d'entrer dans ce domaine. Il commence par une expérience en tant que résident, à la fin des années 1970, le traitement des patients souffrant de maladie mentale. Ce fut une expérience particulièrement motivante que j'ai toujours souviens très bien.

Je traitais un jeune homme dans son 20s. Il allait à un collège de l'Ivy League, avec sa vie pleinement en face de lui. Puis il a connu un épisode de psychose, qui nous avons diagnostiqué la schizophrénie. Il a été soigné et a eu un rétablissement complet, avec une rémission complète des symptômes. Mais quand il a essayé de retourner à l'école, ne voulant pas perdre le semestre, il a constaté qu'il ne pouvait pas fonctionner cognitif aussi bien qu'il avait avant. De plus, les effets secondaires de même la faible dose d'halopéridol qu'il prenait étaient problématiques. Il a arrêté de prendre ses médicaments, rechuté et a été traité à nouveau. Il a récupéré, mais encore une fois arrêté de prendre ses médicaments, et retomba. il a été de nouveau hospitalisé, et ce moment où il a été traité, il ne s'est pas totalement. Son santé a été mieux avec des médicaments, mais il avait encore des symptômes, et il n'a jamais été en mesure d'atteindre le même degré de capacité fonctionnelle et la capacité cognitive, il avait déjà montré.

J'étais sous surveillance dans la prise en charge de ce patient, et mon supérieur me disait: «Beaucoup de patients ne comprennent pas la maladie, et ils doivent apprendre à la dure. Il est bon qu'il avait ces rechutes, car il lui faire comprendre rapidement l'importance de rester sur ses médicaments.

A cette époque, il y avait une supposition que vous pourriez éprouver ces épisodes psychotiques récurrents, traiter et être restauré comme si rien ne s'était passé. La réalité est que ce n'est pas vrai. La condition sine qua non de la schizophrénie, qui (Emil) Kraepelin (le découvreur de la schizophrénie et le trouble bipolaire) a identifié il ya 100 ans, est la détérioration associée à la maladie ... [La détérioration] n'est pas quelque chose qui se produit inexorablement, mais c'est quelque chose qui pourrait être évité grâce à l'intervention thérapeutique. " (Lieberman, Jeffrey A. "Le Prix Lieber pour réalisations exceptionnelles en Schizophrenia Research ". Bulletin de recherche NARSAD. Vol 18, Issue 3, automne 2006. p4-5.

Dans ce discours prononcé par le Dr Lieberman elle montre que les attitudes et les connaissances concernant le traitement de la schizophrénie ont beaucoup changé depuis les années soixante-dix. Il montre que le jeune homme qui est le Dr Lieberman traitait aurait mieux fait s'il était resté sur ses médicaments, comme l'aurait fait I.

Annexe: En Universite Avec Une Maladie Mentale
Présentation

Bonjour, et bienvenue sur mon livre! Mon nom est Will et je vais vous guider à travers les étapes nécessaires pour obtenir leur diplôme d'études collégiales en dépit d'une maladie mentale parce que j'ai été là et fait cela. Dificile? Oui, mais c'est possible. J'ai surmonté cet obstacle deux fois dans ma vie.

La première fois que j'ai été hospitalisé dans l'Université de Stonybrook dans le Suffolk, Long Island, États-Unis où je étudiais un cours de literature anglais. Un épisode psychotique est quelque chose que je ne souhaite à personne. J'ai été en l'hôpital psychiatrique ou j'étais pensée que je suis un saint capable d'absoudre les péchés du peuple par ma juste être près d'eux, tout comme ce gars dans le film Amadeus, où il se retrouve dans un asile disant qu'il absout les gens autour de lui après qu'il avoue au prêtre de tuer Wolfgang Amadeus Mozart. L'ironie, c'est que je ne suis pas une personne religieuse, pas de tout, quand je suis complètement sain d'esprit. Étonnamment, j'ai obtenu mon diplôme de l'Université Stonybrook en quatre ans avec un BA en dépit d'avoir deux grands hospitalisations pour ma schizophrénie paranoïde. Peut-être que si j'avais pris un peu plus de temps pour se détendre et exercer pendant mes jours à Stony Brook je serais resté sain d'esprit.

Ensuite, je suis allé au Queens College pour mon diplôme d'études supérieures et de terminer ce programme en trois ans avec une maîtrise en bibliothéconomie. Le programme de sciences du biblioteques en Queens College est un programme d'un-et-demi année, mais je savais que je devais moi-même le rythme plus lent, donc il m'a estudié un peu plus longtemps. Au départ, je pensais que je serais devenu bibliothécaire pour enfants, mais il est devenu évident que l'aspect électronique de l'information allait devenir mon demesnes. Je n'avais aucune idée à quel point la technologie serait impliqué dans les bibliothèques d'aujourd'hui quand je me suis inscrit. La technologie était bon pour moi, et parce que j'ai eu une affinité pour le support électronique, je prospéré au Queens College. Parce que je me promenais et j'ai pris mon temps, je n'ai pas eu une hospitalisation pendant mon séjour au Queens College. C'était bien parce que je déteste aller au hôpital.

Si vous êtes aux prises avec une maladie mentale et que vous voulez aller au collège, ou si vous connaissez quelqu'un qui a une maladie mentale qui veut aller à l'université, ou peut-être vous êtes un gardien de personnes atteintes de maladie mentale qui veulent aller à l'université. J'ai conçu ce livre avec les étapes nécessaires pour réussir au collège en dépit d'une maladie mentale.

Chapitre I: Préparation et financement d'une éducation
La première question que tout élève doit traiter avant de choisir leur premier cours est "Ce que je veux tenir de cette expérience?" Peut-être que vous êtes bon en maths. Peut-être que l'écriture est votre passion. Peut-être que vous voyez ordinateurs de votre avenir. Peut-être, peut-être, peut-être. Personne ne sait mieux que vous. Les conseillers d'orientation sont utiles dans une certaine mesure, mais si vous pensez à combien peu de temps qu'ils peuvent donner à vous, moins vous seriez susceptible de tenir leur parole comme définitive. Les conseillers en orientation de votre école sont tenus de prendre soin de toute l'école. Vous avez seulement besoin de prendre soin de vous.

Connais-toi. Vous allez voir que cette expression beaucoup lors de vos études. Qui a dit que le premier? Socrates. Même avant l'année zéro il l'avait raison. Certaines choses ne changent pas vraiment beaucoup au fil des ans. Le meilleur pari pour réussir au collège est de connaître vos forces et faiblesses. Au collège, vous devez exploiter vos points forts, et vous devriez essayer de compenser vos faiblesses.

Cependant, disons que vous êtes un étudiant de maths fort. Cela ne signifie pas que vous prenez un calendrier complet des seuls cours de maths! Ce serait ridicule! Au contraire, le collège est une aventure académique où chaque collège dispose d'un programme de base qui est destiné à exposer les étudiants à d'autres façons de penser qu'ils sont habitués. College est une expérience de croissance qui est destiné à vous de compléter.

Dites que vous êtes faible en maths. Vous êtes si faible que vous avez besoin de cours de rattrapage. Cela signifie que vous devez compenser cette faiblesse en remplissant cette exigence de mathématiques avant d'aller pour les classes qui vous intéressent vraiment. La même chose est pour les étudiants qui obtiennent les scores médiocres dans le département de l'écriture. Mathématiques et l'anglais sont les deux formations les plus élémentaires qui sont nécessaires pour une éducation collégiale réussi parce que si vous n'êtes pas à un certain niveau, ils ne seront pas vous obtenez votre diplôme en les États-Unis.

Toutefois, si la parole en public vous rend symptomatique ou vous n'êtes pas à l'aise dans la foule, alors vous devez respecter ces choses et essayer de ne pas les faire, au moins initally. Les chances sont que vous aurez besoin de prendre une classe de discours et d'être dans une salle de conférence remplie avec les autres étudiants. Vous avez juste à savoir comment survivre dans ces situations et à surmonter vos peurs. Ce sont toutes des choses que vous devez savoir avant de vous inscrire à votre première classe.

Où cherchez-vous à trouver des informations sur les écoles? Le World Wide Web est un bon endroit pour commencer. Aussi votre bibliothèque locale aura des livres sur le sujet.

Où sur le Web doit-on commencer à chercher des écoles? Yahoo! est un excellent endroit pour commencer. Yahoo! à www.yahoo.com est plus qu'un moteur de recherche alimenté par Google.Il est également un répertoire hiérarchisé. Cela signifie qu'il ya un ordre pour les entrées, et il peut être utilisé comme une bibliothèque de référence, car elle est organisée par sujet. Il ne prend que quelques minutes pour arriver à l'information dont vous avez besoin, si vous aviez une idée claire de ce que vous recherchez.

Aussi je vous recommande www.petersons.com parce que ce sont les gens qui font de la version imprimée de la source d'impression le plus important pour trouver de l'information sur les collèges et les universités en les États-Unis.Tout ce que vous devez faire est d'aller à Amazon. com et utiliser Peterson de mots clés, ou si vous ne voulez pas l'acheter, aller à votre bibliothèque locale et demandez où est le guide Peterson. Le bibliothécaire serait plus qu'heureux de vous aider. C'est, sauf si vous habitez dans une ville avec une bibliothèque avec seulement quatre livres de référence et pas de connexion Internet! Ensuite, votre meilleur pari va dans une librairie de bonne taille, et acheter le livre sur l'étagère. Le guide de l'Peterson vous raconte beaucoup de choses utiles, tels que le nombre d'élèves dans l'école, le professeur ratio d'étudiant, la moyenne SAT score nécessaire pour entrer et plus d'information. Il y a beaucoup d'autres choses utiles en le livre.

Le mal nécessaire qui est FAFSA est une expérience gratte-papier regrettable pour les premiers étudiants à temps partiel. La bonne chose est que maintenant vous avez le choix de ramasser un FAFSA papier à votre bureau d'aide financière de l'université, et de faire le FAFSA au crayon sur papier. Ensuite, vous pouvez envoyer par la poste, ou vous pouvez aller sur le site Internet www.fafsa.ed.gov/ et de remplir le formulaire en ligne.Si vous êtes intimidés par les ordinateurs, il suffit de savoir que l'option en ligne de déposer une aide financière est là quand tu seras un peu moins peur des ordinateurs.

Obtenir les informations requises et de remplir le FAFSA est l'une des choses les plus difficiles que vous devrez faire pour entrer à l'université. Il peut être très intimidant. Si vous le pouvez, demandez à quelqu'un qui a fait une avant de vous aider, et ne pas hésiter à contacter le bureau d'aide financière à toutes les questions que vous pourriez avoir. Ils peuvent être hargneux et un peu désagréable, mais ils ne fournissent une aide précieuse pour toutes les choses financières. Nouvelles spéciales à obtenir des fonds de subvention pour l'école si vous êtes handicapés: il vous suffit de vous inscrire à 6 crédits (mi-temps) pour recevoir une aide financière! Depuis de nombreuses années si vous êtes allé à l'université et je voulais obtenir de l'argent bourse pour vous aider à aller à l'université, vous avez eu à effectuer au moins 12 crédits pour être à temps plein et bénéficier d'une aide financière! Parlez-en à votre conseiller en aide financière pour profiter de cette belle occasion!

TAP et bourses Pell sont disponibles pour les étudiants qui cherchent à poursuivre leurs études. TAP et bourses Pell sont basées sur les besoins financiers. Par conséquent, il incombe à la personne qui demande les subventions à regarder aussi pauvre que possible pour obtenir le plus d'aide financière. Ne déformez pas vous-même, parce qu'ils ne vérifient sur vous et les formulaires fiscaux de votre famille pour vous assurer que vous ne mentez pas sur vos dents. Si vous êtes plus de 21 ans, vivre de façon autonome, et vous allez pour un diplôme de premier cycle, vous devriez obtenir plus d'un enfant qui a 18 ans et vit avec ses parents parce que le gouvernement pense que les parents faudra payée Aussi, si vous faites une demande d'aide financière, une chose à garder à l'esprit est que vous aurez à signer pour le service sélectif si vous êtes au-dessus de 18 ans et êtes un homme et un citoyen du États-Unis. C'est la façon de faire ya des hommes capables de courant d'air en cas d'une grande guerre. C'est une façon assez sournoise de rédiger des personnes dans les forces armées mais, si vous me demandez. Toutefois, si vous êtes handicapé, alors vous devriez avoir rien à craindre parce que quand ils essaient de vous préparer, tout ce que vous devez faire est de prouver que vous n'êtes pas apte à servir. Les forces armées ne veulent pas que les gens avec schizophrénie armés, par-ce que dans des situations stressantes ils pourraient tirer sur ses amis. C'est tout simplement logique.

Prêter! Ce fut une vraie grande question pour moi. J'ai essayé d'éviter l'utilisation des prêts à travers la plupart de mes années d'étudiant, mais j'ai réalisé que je devais les prêts dans mes années d'études supérieures. En regardant tout cela, je pense que les prêts étudiants sont très bonnes. C'est pourquoi: 1) vous n'avez pas commencer à payer l'intérêt jusqu'à ce que vous sortez de l'école, qui est vous économiser de l'argent, 2) les taux d'intérêt sont très bas, 3) vous avez beaucoup de temps à les rembourser, et 4) l'argent de prêt permet à l'étudiant de mener une vie plus confortable tout en fréquentant l'école, et le plus à l'aise un étudiant, mieux ils peuvent se concentrer sur leurs études et se le faire de la bonne façon. Le prêt Perkins a un taux d'intérêt inférieur au prêt Stafford, mais il est plus difficile à obtenir. Pour obtenir un prêt Perkins vous devez avoir un revenu très faible. Presque tout le monde peut obtenir un prêt Stafford. Ces deux prêts sont très bons pour obtenir en raison de leurs faibles taux d'intérêt et les délais de remboursement raisonnables.

Chapitre 2: Votre Premier Jour de Classe

Votre premier jour de classe. C'est le moment d'être fiers que vous êtes dans un environnement collégial, et c'est aussi le temps de voir comment les choses fonctionnent. Tous vos études jusque a maintenant conduit à ce moment, et c'est probablement le plus grand jour pour vous, jusqu'à obtention de votre diplôme d'études collégiales. Vous devez être bien soigné, votre premier jour de classe. Je ne veux pas venir à l'école dans un costume Armani, mais assurez-vous que vous regardez propre, et non en haillons. J'ai connu un malade étudiant qui avait l'air malade mental, mais seulement de son hygiène et la robe. Vous ne voulez pas de vous démarquer du reste de la classe la façon dont ce jeune homme a fait. Il est dans votre intérêt de «s'intégrer» avec les normales sur le premier jour de classe parce que vous serez plus enclins à se faire des amis, et juste l'impression que vous n'avez pas tenir le coup comme un pouce endolori, vous aurez donc être en mesure de se concentrer sur «l'expérience du collège» et des universitaires.

Que devez-vous apporter avec vous le premier jour de classe? L'essentiel ne changent pas beaucoup de travail de premier cycle jusque a obtenir leur diplôme maîtrise ou doctorat . Vous aurez besoin d'un ordinateur portable, sac à dos, stylos, et un dossier pour garder le prospectus. Aussi, vous devez apporter une carte de crédit pour l'achat de livres qui sera sur votre syllabus. Les lignes à la librairie du Collège sont généralement épouvantables les premières semaines de classe, mais il est une chose nécessaire pour un étudiant à faire si elles veulent faire face à la classe. La seule autre option est à la traîne en termes de missions, ce qui est quelque chose que vous ne voulez pas le faire en vous des premières semaines de classe, car alors vous serez derrière la boule huit (en termes de classes dès le départ.)

Les syllabi! Les chances sont que vous auriez pu avoir une ou deux mains des enseignants du secondaire un programme, mais au collège chaque classe a un programme pour vous de comprendre ce que les «règles» sont pour chaque classe. Vous ne pouvez pas l'obtenir à votre premier cours, mais vous l'aurez bien assez tôt. Au programme, vos responsabilités pour la classe et le calcul de votre note sera apparent. Les chances sont les livres qui sont nécessaires pour votre classe sera là. Enfin, les grandes lignes de ce que le cours va couvrir sera simple dans chaque programme.

Une chose que j'ai apprise en tant qu'étudiant est: "Ne faites jamais confiance un professeur." Cela ne signifie pas être totalement paranoïaque sur le professeur ne vous dis pas la vérité. Cela signifie que vous devez être sur vos orteils à réagir aux changements potentiels dans la structure de la classe, les exigences pour les tests, et ce qui sera couvert sur les tests. Le programme n'est pas quelque chose d'écrit dans la pierre. Il s'agit d'une ligne directrice générale pour la façon dont le cours sera exécuté, et si vous ne faites pas attention, les choses peuvent changer cela aura une incidence sur votre ligne vos bas grades.

Le premier jour de classe, de ne pas être excité par votre professeur. Cependant, ne faites pas une attente irréaliste de vos capacités en tant qu'étudiant. Chaque collège a des classes difficiles et classes faciles. Votre premier semestre devrait être un moment pour vous d'être "tâter le terrain" de votre collège ou une université. Cela signifie que, peu importe combien vous souhaitez: ne prenez pas cette classe de calcul multidimensionnelle et de rester loin des honneurs physique. Ce conseil ne s'applique pas à tout le monde. Toutefois, si l'étude vous stresse, il ne sera probablement s'appliquer à vous. De l'autre côté de la médaille, il y a des professeurs qui tentent d'effrayer les gens hors de leurs classes. Ils le font parce qu'ils aiment les petites tailles de classe, et ils sont généralement dans les arts libéraux. Ce type de classe a la possibilité d'être un "A" facilement parce que le professeur pense que vous avez pris avec le programme et a donné effort visible. Cependant, en général, un étudiant doit faire très attention à l'attitude de ces professeurs et l'étudiant doit imiter les idées du professeur dans les journaux et les sauvegarder. Cela confirme l'opinion de ces professeurs et de vous un meilleur étudiant, à leurs yeux, car cela signifie que vous avez prêté attention en classe fait. Suivez ces conseils à vos propres risques! Je n'avais que trois «C» à l'université et celui que je suis dans une classe d'arts libéraux était totalement évitable. J'ai soutenu contre l'avis du professeur d'anglais parce que je me trouvais à penser ses vues étaient sottises, et je me suis claqué pour elle. Après avoir appris de cette expérience, j'ai suivi un cours avec un professeur dont les opinions différaient totalement de la mienne, mais je voulais une bonne note si je soutenais ses arguments très bien, et j'ai eu le "A". Essayez de trouver la réputation de la formation et du professeur avant d'entrer dans la classe. En général, vos camarades vous donnera une bonne idée de ce que vous vous embarquez.

Le premier jour de classe, ne vont pas à quelqu'un de votre classe et dire "Salut! Mon nom est Bob et j'ai maniaco-dépression! " C'est juste ne part pas du bon pied. Laissez les gens à mieux vous connaître, et puis quand vous savez qu'ils vous aiment pour qui vous êtes, vous pouvez leur faire connaître le diagnostic que vous avez. De cette façon, ils sont beaucoup plus susceptibles de continuer à parler de vous et être votre ami. C'est une stratégie que j'ai utilisé comme un étudiant de premier cycle et de master. Tout le monde ne réagit pas positivement, il ya le réflexe occasionnel, mais la plupart des gens seront sympathetique si vous faites de cette façon. Leur rationnelle sera «Personne n'est parfait». Cependant, c'est un peu de temps à partir de la première classe. Vous ne voulez pas qu'ils vous voient comme un diagnostic, vous voulez qu'ils vous voient comme une personne.

Vous voulez prendre des notes du premier jour de classe. La prise de notes est une compétence importante à l'université, et de nombreuses fois les tests viennent directement des notes. Certaines personnes aiment à enregistrer sur bande le professeur. J'ai pensé à faire cela, mais je n'ai jamais réussi à lui. J'écris juste en bas, dans mes propres mots, les concepts du professeur couvre, et j'essaie de faire tout vers le bas. De cette façon, s'il dit qu'il a couvert quelque chose dans les notes, je vais avoir aucune excuse pour ne pas avoir l'information. Cependant, dans certaines classes prise de notes est ennuyeux et inutile. Pourquoi serait-ce être possible? J'ai eu des cours où le professeur se parler pendant des heures sur des choses qu'il ne voulait pas nous tester. Pourquoi aller en classe dans ces situations? Quelquefois, la fréquentation fait partie de la note. Toutefois, si vous sentez que le professeur perdre votre temps, ils sont probablement, et vous ne devriez pas vous sentir mal de manquer un cours ou deux. Dans ma première année je suis allé semaines sans assister à un cours de maths parce que j'ai trouvé le professeur déroutant. Cependant, même dans cette classe calcul, les premières semaines de cours étaient obligatoires. Si vous n'avez pas assisté aux trois premières classes, ils vous laissent tomber de la classe. En cas de doute, aller en classe.

Chapitre 3: Votre Premier Semestre

L'aide financière est l'un des aspects les plus stressants de la vie de collège. Vous devez vérifier et re-vérifier avec eux pour s'assurer qu'il n'y a pas un problème qui nécessite votre attention. Par exemple, si le bureau d'aide financière vous envoie une lettre, et vous ne recevez pas, vous êtes toujours obligé de faire ce qu'ils demandent ou votre aide financière peut jamais se réaliser, et vous aurez à abandonner l'université. Pour remédier à cela, revenez avec eux peut-être une fois par mois, même si vous pensez que vous n'avez rien à faire. De cette façon, vous couvrez pour leurs erreurs. Cela peut sembler paranoïaque, mais croyez-moi c'est la meilleure façon de faire les choses. Vous ne voulez pas passer à côté de l'éducation en raison d'un problème administratif.

Ménagez-vous votre premier semestre. Ne prenez pas trop de classes. #'''Soyez réaliste.''' Étudier constamment et ne pas entasser. Chaque semestre est longue. Vous ne voulez pas prendre trop de classes, car alors vous aurez moins de temps à consacrer à l'obtention de chaque classe. Vous devez être réaliste au sujet de ces choses. Ils disent que vous devez étude de quatre heures par semaine pour chaque crédit pour obtenir un «A» dans une classe. Cela signifie que si vous prenez un cours de mathématiques de lancement de quatre heures, vous aurez besoin de connecter seize heures par semaine sur cette classe pour obtenir un «A». Je n'ai pas trouvé que cela soit vrai dans mon cas. J'ai obtenu "As" dans les classes de que seulement étudié pendant quatre heures par semaine. D'autre part, j'ai eu des classes qui je me suis connecté plus de 20 heures par semaine pendant quatre crédits et j'ai seulement eu un B +, donc cela dépend de la classe. Si vous étudiez en permanence tout au long du semestre, vous n'aurez pas à caser. Cela signifie que vous n'aurez pas à étudier toutes les nuits blanches. C'est une bonne chose.

Entrer dans la routine d'être un étudiant d'université est une expérience agréable. Il n'ya rien comme l'expérience du collège. Socialement, vous vous ferez des amis. Intellectuellement, vous serez innover. Vous aurez probablement entrer dans une routine de manger avec des amis, et vous aurez probablement aussi l'étude avec des amis, juste pour nous encourager mutuellement dans vos activités académiques. D'autre part, il ya la recrue typique. Tout ce qu'ils font est parti et boire. Si vous faites cela, vous pouvez être assuré que vos notes vont tomber à l'eau, et probablement tous vos grades amis »aussi. Je vous pose la question: pourquoi aller à un collège, juste pour être expulsé?

Socialiser sur le campus est presque une nécessité. Certains campus ont même "salons de banlieue» pour les personnes qui ne vivent pas sur le campus. Les gens ne peuvent pas étudier tout le temps et ne pas socialiser parce que nous ne sommes pas des machines. Se faire des amis sur le campus est génial car on peut parler de choses qui se passent dans le monde et sur le campus. Académiquement, amis avancé dans votre même programme d'études peut vous avertir des pièges dans votre chemin et qui les professeurs à éviter ou à prendre. C'est une information d'initié, et la SEC ne sera pas vous mettre en prison pour l'utilisation de cette information. Si vous êtes dans une classe avec un ami, vous pouvez même diviser le travail. De cette façon, vous faire la moitié du travail que vous auriez normalement faire, et il fonctionne bien pour de nombreuses classes.

Ne pas se relâcher! J'ai connu des gens très brillants qui ont fait un travail dans le début de la session, juste pour totalement se relâcher à la fin d'obtenir un ensemble D de la classe. Si vous allez travailler dur, essayer de le faire juste avant finale, car les finales sont généralement pesé plus lourdement dans votre note finale. Pas se relâcher va main dans la main avec vous-même stimulation. Si vous prenez l'habitude d'étudier quand vous obtenez une chance, alors vous allez faire beaucoup mieux sur les tests. Si vous ne caser pour les tests, vous ne donnez pas le temps de l'information pour régler et à mûrir dans votre esprit. Cela peut vraiment endommager vos chances de classes qui passent, oublier de bien faire.

Obtenir les numéraux de téléphone de ses camarades de classe est un bon moyen de briser la glace, et les chances sont si vous manquez une classe que vous pouvez obtenir des notes de cours d'un de vos copains de téléphone et vice-versa. C'est très bon, parce que même manquant une classe vous met dans le grand schéma des choses. Travaux de fendage avec vos nouveaux amis dans les classes est une bonne façon d'aller aussi bien. Cela est particulièrement vrai pour les classes d'arts libéraux, que j'ai trouvé. Évidemment, il y a des livres qui doivent être lus, mais si la lecture supplémentaire ferait pour une meilleure note, puis dire à vos amis, "Ok, vous faites un peu de recherche sur Shakespeare, et je ferai la Donne." Puis, quand vous partagez vos notes sur cette classe, vous vous éduquez-dessus et au-delà de ce qui est nécessaire. Cela sera reflété dans votre note, d'une manière positive.

La Bibliothèque ? Les meilleurs élèves que je connaissais ont passé beaucoup de temps à étudier dans la bibliothèque. La bibliothèque est un bon endroit pour les choses de la recherche que vous étudiez, pour obtenir plus de profondeur de la connaissance. Ou, vous pouvez sortir d'un colocataire bruyant (ou une salle de séjour) pour être en mesure de se concentrer davantage sur vos livres. Alternativement, vous pouvez rencontrer des gens là-bas et faire une occasion sociale en mélangeant à étudier avec la socialisation. J'ai passé beaucoup de temps avec de nouvelles pensées et des amis de la bibliothèque comme un cycle. Je ne pouvais pas étudier dans ma salle de séjour, peu importe combien j'ai essayé, parce que mon lit était très accueillant pour les siestes. Les gens viennent frapper à ma porte pour être social. Non qu'il n'y ait rien de mal à cela, mais si vous essayez de se concentrer, qui n'aide pas. Or, je me promène autour pour voir ce que les gens faisaient.

J'ai fait très bien, mais j'ai eu une panne au milieu de mon deuxième retour de semestre. C'était déjà un mois et demi dans le semestre alors j'ai retiré de la cours que je suis toujours inscrit à l'intérieur et je suis rentré chez moi. Dès que je le pouvais, je mets les morceaux ensemble. J'ai commencé à aller au travail sur le campus de Stonybrook de la ville de New York qui a été un voyage de trois heures dans chaque sens, et je me suis inscrit à douze crédits au semestre suivant, en prenant soin de choisir classes aisées. Je me sentais lourdement médicamentés le prochain semestre, mais je l'ai fait avec plus d'un 3.0 GPA. Donc, j'étais heureux. Après cette horrible expérience, je savais que j'avais besoin de prendre des cours faciles à obtenir leur diplôme, alors je suis devenu un major anglais et résolu à profiter du reste de mes années de collège.

Une année passe, et je reçois sain tous les jours et ma dose de Navane devient inférieur chaque mois, jusqu'à ce que je ne suis plus sur des médicaments anti-psychotiques. Trois jours plus tard, je vais avoir mon deuxième épisode psychotique et je suis à l'hôpital. Je prenais la biologie pour les nuls, bouddhisme, deux classes d'éducation, et une classe de littérature facile. Cette rupture s'est passé pendant le milieu du semestre, de sorte qu'il était plus difficile de recoller les morceaux. Mon professeur de biologie m'a donné un A- parce que c'était le moyen que j'avais alors qu'il assistait, donc j'ai eu la vie facile avec elle, Merci a Dieu. Mon professeur bouddhisme m'a laissé prendre la finale sur la trêve hivernale, alors j'ai obtenu mon B. Les professeurs d'éducation ont été très compréhensifs et m'ont donné des notes élevées. C'était chouette. Le professeur de littérature a été un peu plus dur parce que j'étais un peu irrespectueux envers lui pendant la durée parce que je pensais qu'il se répète trop souvent. Alors, il m'a fait transpirer, mais il a tourné ma incomplète dans un B. Donc, je suis sorti tout droit. L'astuce pour obtenir toutes ces classes prises en charge était que, immédiatement après sa sortie de l'hôpital, je suis retourné à l'école pour obtenir mes incomplets pris en charge. J'étais un pit-bull et ne voulait pas lâcher de mes classes jusqu'à ce qu'ils soient résolus. Le dernier semestre, j'ai pu terminer la navette entre New York pour Stony-brook, Long Island parce qu'il n'y avait qu'une seule classe et c'était une étude indépendante donc je n'ai même pas eu à aller chaque semaine.

La clé de la survie académique au cours d'un épisode psychotique est de continuer à essayer et ne pas renoncer à vos classes. Les chances sont que vous n'aurez pas perdu votre temps. En outre, les professeurs sont des personnes la plupart du temps très ouverts d'esprit et vous donnera la qualité que vous méritez. Donc, ne vous découragez pas! Aussi, vous saurez à l'avenir ce qu'il faut éviter pour s'assurer que vous allez faire mieux à l'école et ce qui va déclencher votre psychose. Cette connaissance fera de vous un élève plus capable et, à long terme, vous faire écono-miser beaucoup de maux de tête.

Revenez en tant que combattant, avec une nouvelle sa-gesse!

Chapitre 5: La Saga Continue

Après votre premier semestre, la chose est que vous devez garder votre élan et ne pas se relâcher dans les classes. La question se pose: «Comment puis-je éviter de me brûler?" La réponse à cette question est simple, mais complexe. La partie la plus simple est que vous devez garder en choisissant des sujets qui sont intéressants pour vous. Sélection des sujets que vous ne me dérangerait pas étudier est votre meilleur pari pour la réussite à long terme dans votre universitaires. Votre pire erreur serait de choisir un grand nombre de cours de mathématiques si vous ne supportez pas les numéros. Peu importe comment vous êtes entraîné, qui est un moyen sûr d'amortir votre détermination.

Habituellement, un collège pour un étudiant à temps plein de quatre ans pour compléter. Cela signifie que pour quatre années de votre vie, vous devez être excité à propos de ce que vous étudiez et restant concentré sur le résultat final. Pour les personnes atteintes d'une maladie mentale, il pourrait prendre beaucoup plus longtemps que les quatre ans. C'est ok si. Juste obtenir un diplôme d'études collégiales est une étape importante dans la vie d'une personne en bonne santé. Combien plus doux est-il à la personne handicapée mentale! Il est révélateur de l'incapacité mentale, «Vous ne possédez pas moi! Je suis plus grand que vous êtes! " C'est une affirmation de soi qui ne doit pas être oublié.

Chaque objectif à atteindre dans votre quête d'une éducation est une étape importante. Vous devriez prendre le temps de célébrer la bonne fortune vous avez après chaque réalisation majeure. Ne soyez pas trop dur avec vous-même. Quand je suis arrivé ma maîtrise en bibliothéconomie, même si je ne pouvais pas les moyens, j'ai acheté un anneau de classe. Je pensais que c'était quelque chose que je devais faire pour respecter le fait que je l'avais fait jusque-là. Quand j'ai pris le GRE, je me suis acheté un chemise de Ralph Lauren Polo. Je ne porte pas souvent plus, mais chaque fois que je fais, je suis fier de porter ce parce que cela signifie quelque chose pour moi.

Vous devez être patient avec vous-même, parce que si vous soufflez votre stack à chaque petite chose, il ya des chances que vous ne ferez pas aussi bien que si vous avez essayé de garder votre cool. Par exemple, j'ai eu un professeur à l'école de la bibliothèque qui nous a «tas de dorks" pour ne pas suivre les instructions à l'T. dite, je pensais qu'il allait baisser ma note sur un test particulier d'un A à un C +. Inutile de dire que cela m'a fait très en colère. C'est avec cet esprit que je me suis approché ce professeur, d'une manière polie. J'ai été surpris quand il m'a dit: «Ne vous inquiétez pas." En fin de compte, j'ai obtenu un A + dans la classe pour mes deux scores de test et de ma participation en classe, et mon approche poli été le chemin à parcourir. Si j'avais explosé à ce professeur, je peux imaginer ce qui serait arrivé à ma carrière comme bibliothécaire: il serait allé dans le drain. Retenue est une vertu pour la personne atteinte de maladie mentale, et croyez-moi, il est récompensé.

Garder la fin en vue est toujours la voie à suivre. Chaque fois que vous ne pensez pas que cela va en valoir la peine, n'oubliez pas que les gagnants ne lâchent jamais et ex-fumeurs ne gagnent jamais. Si vous tombez sept fois, vous devriez obtenir jusqu'à huit fois pour prouver que vous êtes plus fort que vos circonstances. En regardant toutes les épreuves que j'ai dû surmonter à l'école à cause de ma maladie mentale, je suis satisfait car j'ai fait de mon mieux et c'est pour moi une consolation.

Une autre chose qui m'a aidé dans la vie, pas seulement à l'école, c'est que je peux m'éloigner de ma psychose lorsque la psychose ne fait que commencer, et je sais où me soigner. J'ai aperçu et c'est une bonne chose d'avoir. Je ne suis pas dans le déni que je suis malade mentalement, je travaille à travers lui et en comprenant mieux j'ai plus de contrôle sur elle. Si je me suis dit: «Il n'ya rien de mal avec moi." Je serais plus bête que Big Bird. Toutefois, si j'apprends les signes que ma maladie mentale vient sur moi, alors je peux m'adapter à ces signes et mieux les gérer.

Chapitre 6: Graduation

Qualification Graduation est l'un des meilleurs moments dans la vie d'une personne. C'est la fin de vie d'être un étudiant et un début de vie en tant que membre à part entière de la société. La cérémonie de remise des diplômes n'est pas une chose inutile. Elle commémore l'effort et de travail acharné ont été nécessaires pour vous rendre à cet endroit dans votre vie. Il est naturel de prendre du recul et de prendre les honneurs qui sera remis à vous au nom de l'université ou au collège, vous avez assisté. Prenez-le avec fierté, même si, comme moi, vous ne pouvez pas réveiller assez tôt pour assister à la cérémonie!

Alors, que faire? Eh bien, il ya généralement deux options s'offrent à ceux qui obtiennent un diplôme de l'université: obtenir un emploi ou retourner aux études. Comme la plupart des gens qui obtiennent un diplôme d'études supérieures sont avancés en âge cela peut ou peut ne pas être une option pour vous. Dans le passé, de trouver un emploi autre qu'un emploi qui était bénévole dans la nature était impossible pour beaucoup avec la maladie mentale. Toutefois, le président Clinton en 1999 a adopté une loi qui, finalement, a permis aux gens atteints de maladie mentale au travail et de leur dignité. Tout ce que vous voudrez peut-être dire à propos de l'homme, ne dites pas qu'il n'était pas un ami pour personnes atteintes de maladie mentale! Il était, car il a ouvert une porte qui était fermée depuis bien trop longtemps. Merci M. Clinton! Il appartient désormais aux Etats d'adopter cette loi dans leur propre.